写真アルバム

南国・香南・香美・土長の昭和

色彩の記憶

――カラー写真でたどる郷土の昭和

▲**発掘された弥生前期の水田上空を降下中のYS-11**　高知空港（高知龍馬空港）拡張工事のための埋蔵文化財調査によって発掘された弥生時代前期の水田跡である。面積5500平方メートルの中が299枚の小さな区画に分けられていた。水田の中には100個ほどの弥生人の足跡まで残っていた。YS-11は悠然と水田の上を滑走路に向かって降下していく。〈南国市田村・昭和57年・提供＝宅間一之氏〉

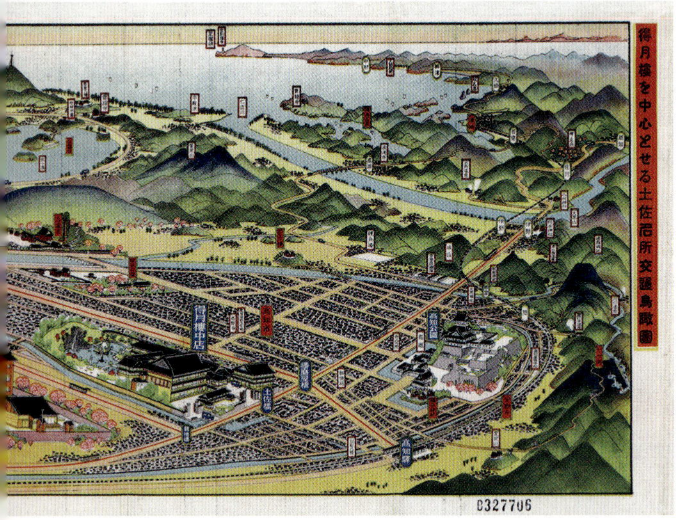

▲▼**「土佐電鉄沿線名所大図絵」（吉田初三郎画・昭和３年）** 全体（上）：大正 11 年に土佐電気鉄道と土佐水力電気が合併して設立された土佐電気発行の「土佐電気：沿線名所案内」にある鳥瞰図。伊野線、後免線を中心に沿線の名所などが描かれている。部分（下）：大正 13 年に開業した後免～手結間の高知鉄道を表す細い赤線が見える。後免町の街並みや手結海水浴場も描かれ、また土佐山田の八王子の周囲には桜の木が配されている。〈京都府立京都学・歴彩館 京の記憶アーカイブから〉

▲▼**「得月楼を中心とせる土佐名所交通鳥瞰図」（吉田初三郎画・昭和３年）**
全体（上）：観光パンフレット「海南唯一の情遊境 得月楼 御案内」にある鳥瞰図。高知の料亭・得月楼をデフォルメして太平洋を望む構図で描いている。部分（下）：手前から、大正 14 年に開業した高知〜土佐山田の路線（のちの土讃線）、土佐電気、高知鉄道の路線が描かれ、鉄道路線と観光地の関係がわかりやすい。剣山の彼方に富士山が見える初三郎の鳥瞰図ならではの構図が面白い。〈京都府立京都学・歴彩館 京の記憶アーカイブから〉

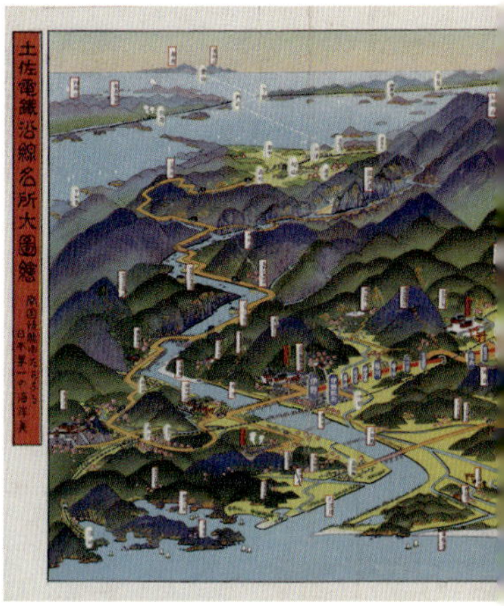

◀ **YS-11 に搭乗する乗客**　平成 15 年、全便にジェット機が導入されるまで、大阪伊丹への空路はプロペラ機が 1 日数往復していた。搭乗橋を装着できないこの機体の入り口まで、雨の日は傘をさして移動した。〈南国市久枝・昭和 52 年・提供＝小笠原由美氏〉

▶ **殖田神社の神輿**　10 月 31 日に行われる殖田神社秋の神祭の、おなばれ行列の神輿。殖田神社は植田地区の産土神社で、延喜式内社。古くは土佐の国司が国府に着任すると、御幣を持って参拝に来なければいけない格式の高い神社で、あった。〈南国市植田・昭和 60 年代・提供＝橋詰栄喜氏〉

▶久礼田小学校の運動会　ミノムシ競争である。当時は児童数も300人位で、運動会では、100メートル競争、マスト登り、騎馬戦、男女学年代表リレーなど多くの競技が行われた。〈南国市久礼田・昭和54年頃・提供＝濱渦智恵氏〉

▼久礼田保育所の運動会　昭和24年に久礼田熊野神社の御《み》炊《かしき》殿《でん》を利用して開設され、同27年12月に現在地に移転した久礼田保育所の運動会での綱引き。当時、園児は70人余りいて運動場が狭かったため、行われる種目も少なかった。〈南国市久礼田・昭和55年頃・提供＝濱渦智恵氏〉

▶'84高知・黒潮博覧会の南国みどり館　昭和59年、高知市で行われた黒潮博での南国市のパビリオン、空気ドームの「南国みどり館」である。南国市の特産物や当時評判になっていた田村遺跡の弥生期の高床倉庫の復元模型にも関心が集まり、期間中60万人が入場した。〈高知市布師田・昭和59年・提供＝南国市〉

◀**高知自動車が開通**　昭和62年10月8日、大豊～南国間21キロの高知自動車道が開通、高知県で初めての高速自動車道だった。当初、高知道は片側1車線の対面通行でトンネル内でも真ん中にポールが立てられただけだったため、「高速教習」が実施されはじめた運転免許教習所の生徒のみならず、高速道路に慣れていない一般ドライバーにとってもかなり怖い高速道路だった。〈南国市岡豊町・昭和62年・提供＝南国市〉

▲**城山高校の校舎**　奥に写っている新校舎は昭和41年3月31日に落成。手前の校舎は、同28年に建てられた南校舎で、49年に新しく建て替えられるまで使われていた。この写真が撮られた前年には、格技場が完成している。翌年には新校舎の右側に体育館、トレーニングセンターができた。〈香南市赤岡町・昭和45年・提供＝小松敏秀氏〉

◀**浅上王子宮で幼稚園児の記念撮影**　山北幼稚園児たちの記念写真。17人の園児が全員揃いの黄色のスモックを着てお行儀よく記念写真に収まっている。秋、神霊を慰める奉納棒踊りで有名な浅上王子宮の鳥居の前でのひとコマである。〈香南市香我美町山北・昭和44年頃・提供＝小松治子氏〉

▶正月間近の餅つき風景　年末になると、神棚に供える鏡餅、正月祝いの雑煮、しばらく蓄える伸ばし餅、すぐに食べるあんこ入りの丸もち、時にはイモの餅もついたものである。近年は、電動餅つき機の普及で、臼に杵での餅つきのような苦労はなくなった。久しぶり皆そろっての楽しい餅つき風景である。〈香南市香我美町山川・昭和46年・提供＝小松敏秀氏〉

◀月見山　その名の通り、海を照らす月が美しく見える月見山。アスレチックやすべり山があり、今も昔も魅力的なハイキングスポットである。写真の奥には海水浴に通った手《て》結《い》も見える。〈香南市香我美町・昭和56年・提供＝小笠原由美氏〉

▶三宝スカイパークで遊ぶ　香南市の龍河洞スカイラインの途中、三宝山の山頂に洋風の古城がある。それはかつて「四万十の風」という四万十川の資料館だった建物で、その向かいに遊園地の「三宝スカイパーク」や、レストランなどもあった。スカイパークにはジェットコースターや観覧車、メリーゴーラウンドなどがあり、大人も子どもも楽しんだ。〈香南市野市町大谷・昭和50年代・提供＝小松治子氏〉

◀**小学校の運動会に保育園児の参加**　万国旗が飾られた野市東小学校運動会で行われた、来年小学校に入学予定の年長さんたちのかけっこの風景である。走り終え、景品をもらって喜んだ記憶は誰しもあることだろう。淡いブルーのスモッグに素足で元気よく走る園児たちの姿に惜しみない拍手が続いた。〈香南市野市町中ノ村・昭和48年・提供＝小松治子氏〉

▶**廃線跡の夜須駅プラットホーム**　昭和40年代後半まで土佐電鉄経営の電車が走っていた。夜須町内には夜須、手結、海浜学校前、土佐住吉の4駅があって乗降客で賑わった。しかし過疎化と自家用車の普及で、同38年をピークに電車の利用客は激減し、同49年3月31日、土電安芸線の灯は消えた。いまは赤くさびた線路とプラットホームの跡が、ここに電車ありと語るだけとなった。〈香南市夜須町夜須・昭和50年・提供者＝近藤輝也氏〉

◀**賑わう手結海水浴場**　手結海岸は遠浅の海と変化に富んだ展望が楽しめ、春の浜遊びや夏の海水浴で賑わう人気の行楽地である。ビーチパラソルが並ぶ砂浜では人びとが夏の一日を楽しんでいる。静かな波打際で母親が2人の子どもに砂浜と海水を体感させている。〈香南市夜須町手結・昭和46年・提供＝小松治子氏〉

▶**香長中学校の遠足**　手結、住吉の海岸は変化に富んだ景観に恵まれた観光地であり、近隣の学校遠足の定番であった。岩間に寄せる白波と戯れ、砂浜に座して潮騒の音を楽しむ。友と語り戯れた思い出は忘れることのできない青春の1ページとなっているであろう。〈香南市夜須町夜須・昭和46年・提供＝溝渕洋哉氏〉

▼**西徳善八幡宮秋祭り**　香美市吉川の西徳善八幡宮は、豊前国一宮・宇佐神宮（通称宇佐八幡宮）を勧請したと伝えられる神社である。その秋祭りの奉納の舞、浦安の舞いであろうか。揃いの装束を身にまとい、舞い終わってちょっぴり安堵の表情の舞姫2人。社殿の前で2人の神職さんとの記念撮影である。〈香南市吉川町吉原・昭和48年・提供＝西徳善八幡宮〉

◀ **SLの山車**　華やかに装飾された山車が進んでいく。かつて人びとが引いていた山車は、この時代、自動車となった。正面には氏神・八王子宮の「八」。側面には年号が「1979」と描かれている。背後に見える薬局も併設していたスーパーは、現在コンビニとなった。〈香美市土佐山田町西本町・昭和54年・提供＝久保田晴子氏〉

▲**八王子宮秋祭り**　神輿や山車、踊り子が町を練り歩き、辿り着くのは氏神・八王子宮。鳥居の前で最後のひと踊り。祖父母に連れられてやってくるこのお宮で、子どもたちが楽しみにしているものは、境内で売られているアイスクリンであった。〈香美市土佐山田町北本町・昭和58年・提供＝小笠原由美氏〉

▶**鏡野公園の桜**　日本さくら名所100選にも選ばれている鏡野公園。桜のシーズンにはボンボリが灯され、夜桜を楽しむ人で賑わう。平成9年には、高知工科大学が公園に隣接して開校した。今も昔も県内外からのお花見客に愛されている。〈香美市土佐山田町宮ノ口・昭和55年頃・提供＝小笠原由美氏〉

◀**八王子宮での花見風景**　八王子宮の桜は古くは文久3年（1863）に植えられたという記録がある。現在は、昭和6年頃に植えられた桜が最盛期を迎えている。周辺には酒類、折詰、菓子などそろえた店や、酒沸かし用具を貸し出す店もあり、何も用意せずに訪れても大いに花見の宴を楽しむことができた。〈香美市土佐山田町北本町・昭和51年頃・提供＝公文操子氏〉

▶**物部川で川遊び**　現在では泳いでいる人の姿をあまり見ることがなくなった物部川の下流域。親子の後ろに釣り舟が写っている。物部川の鮎は平成23年、「清流めぐり利き鮎会」でグランプリを受賞している。〈香美市土佐山田町戸板島・昭和52年・提供＝小笠原由美氏〉

◀**鏡野中学校の運動会**　今でも市内で一番規模が大きい中学校。障害物競走でテニスのネットを潜る時は二番手が有利。今では、授業時間が厳しく管理されているが、当時は本番を「大運動会」、予行を「小運動会」として数回に分けて行えたため、小運動会で自分の得意な競技が把握でき、本番では要領良く競技に臨むことができた。教室での勉強が減って嬉しかったが体力を使うため、「小運動会」の後の授業はみんなのおやすみタイムとなった。〈香美市土佐山田町伏原・昭和47年・提供＝尾田安広氏〉

▲**舟入川支流のカナワマリ川（旧名金丸川）で川ざらえ**　田植えの準備として3月1日〜10日までの間水路の水を止め、期間中の1日を決めて地区で集まり協力して川ざらえを行う。川は今のような三面舗装の護岸がなされていなかったため、カワエビ、ゴリ、ウナギ、シジミなどがたくさん獲れた。〈香美市土佐山田町・昭和50年・提供＝阿部政敏氏〉

▶**雨の日も風の日も**　夫とともに青果業を営んでいた女性。今は駐車場となった宝町の市場で野菜や果物を仕入れ、住宅街を売り歩いた。雨の日も風の日も、大きくて重たいリアカーを引く小さな体、その足に履かれているのは、引退するまで愛用した下駄であった。〈香美市土佐山田町宝町・昭和 44 年・提供＝久保田晴子氏〉

▼**献穀田の行事**　県下でも有数の品質を誇る韮生米が新嘗祭に献上されることになり、五穀の豊穣を祈って献穀田御田植式が行われた。神事の後に早乙女たちが田植えを行うというもので、この年は当時の高知県知事・溝渕増巳（写真中央）も出席。ズボンを膝上までまくり上げているのを見ると、知事も田植えに参加したようである。〈香美市香北町韮生野・昭和 44 年・提供＝後藤孝志氏〉

▶**オサバイ講**　オサバイ様は稲の成長を見守る神様。家のエビス棚に祀っていた神様を田植えの時に田の畔に出してお祀りし、田植えが終わった頃、その近くに近所の人たちが集まり、五穀豊穣を願ってお祝いする。〈香美市香北町西ノ峯・昭和 50 年頃・提供＝後藤孝志氏〉

◀**岩屋大師入口**　四国の山中で修行中だった弘法大師が46歳の時、この地で疫病に倒れる人びとを救ったとのいわれがある岩屋への入口。春はツツジ、秋は紅葉が美しく、梶ケ森登山のコースとしても有名。〈香美市香北町河野・昭和61年・提供＝濱田愛華氏〉

▶**三笠山に登る**　かつては耕されて段々畑が山頂まで続いていため、はげ山のような景観である。山頂からは、西に大栃の町を、東に山崎塩《やまさきしお》の集落をそれぞれ見下ろすことができる。三笠山は稜線がなだらかで地域の人びとから親しまれていた。現在は針葉樹が山を覆っている。〈香美市物部町大栃・昭和49年・提供＝山崎ナミエ氏〉

◀**中上集落**　『長宗我部地検帳』には、中ノ村として、6筆5反20代が記されている集落。撮影時には数戸の家が写っているが、現在この集落には誰も住んでいない。〈香美市物部町中上・昭和45年頃・提供＝公文操子氏〉

▶**タデ掛けの終わった稲を運ぶ**　タデ掛けが終わり、脱穀のための集荷作業。山村地域の田んぼではタデ掛け場が広範囲にわたるため、集荷は家族だけでは間に合わず、近所の人たちの手を借りた。猫の手ならぬ愛犬も稲束運びのお手伝い。今では、こうした共同作業も見られなくなった。〈香美市物部町中上・昭和45年頃・提供＝公文操子氏〉

◀**梶の皮剥ぎ作業**　右側奥にある蒸し器で蒸されて剥がしやすくなった梶の木を、皮と木に分ける皮剥ぎ作業をしている。剥がされた皮は、パルプ紙の原料になる。〈香美市物部町桑ノ川・昭和60年頃・提供＝後藤孝志氏〉

▶**八王子宮に初詣**　お正月、近所の仲良し同士が氏神さまにお参りに出かけて記念写真を撮ってもらった。屈託ない笑顔の女の子たちの親の世代は、戦後の混乱、復興期から高度経済成長期を経て、子どもたちに晴着を着せてやれる平和な時代をかみしめた。〈香美市物部町大栃・昭和40年・提供＝山﨑ナミエ氏〉

◀**キャンプの必需品は現地調達**　土佐山田町談義所には「子供を守る会」という保護者会があり、昭和50年代の夏に何度かキャンプに出かけた。地元の小学生から中学生までを連れてマイカーに分乗し、まだ早明浦ダムができる前の本山町の吉野川河原でキャンプした。当時、このあたりの吉野川は澄み切った清流でキャンプ中の料理、炊飯に使う水は全て川の水を使っていた。〈長岡郡本山町・昭和50年頃・提供＝尾田安広氏〉

▶**鍬初めの儀式**　正月2日に行われる農作業始めの儀式。畑にはあらかじめ注連飾りや餅などの供え物と鍬が用意されている。歳徳神のいる明き方に向かって鍬を振り、五穀豊穣を祈願する。農家にとって最も重要な行事である。〈長岡郡大豊町岩原・昭和60年頃・提供＝下村堯基氏〉

◀**岩原大橋の落成式**　岩原大橋は基幹線林道谷間豊永線に架かる橋。同林道は沿線の森林資源開発や山間集落の生活道として昭和42年から工事が進められてきた。しかし同57年のトウジ山大崩壊によりルート変更を余儀なくされ、延長91メートル、幅員4メートルで赤いアーチ状の岩原大橋が出現した。関係者、地元住民ら約100人が出席して神事の後、渡り初めが行われ完成を祝った。〈長岡郡大豊町岩原・昭和62年・提供＝下村堯基氏〉

発刊にあたって

監修　宅間一之（土佐史談会会長）

「南国・香南・香美・土長」は、豊かな歴史と自然に彩られた魅力溢れる土地である。南に九十九洋《つくもなだ》ともいわれる長大な海岸線を有し、北は峻険にして重畳たる四国山地を背負う土佐国《とさのくに》のほぼ中央部分を占める地域で、南部にある南国市奥谷南遺跡の岩陰に残る旧石器人の生活痕が土佐のあけぼのを語る。北部には渓谷美を誇る吉野川上流、土佐町や本山町の河岸段丘に数多くの縄文人の生活関連遺構などが残り、それぞれが悠久の自然と先人の営みを内容豊かに伝え、歴史となって各地に刻まれ高知県史を彩り続けている。

「昭和」。それは中国の古典『書経』の「百姓昭明　協和萬邦」が出典であり、当時新聞も「君民一致　世界平和」と説明したと聞く。しかし昭和の歴史ははじめから年号に込められた願いとはほど遠かった。変転激しい激動の日々を年表は克明に記している。

本書『南国・香南・香美・土長の昭和』は、今現在、この地に生きる人びとの軌跡を写真で綴るものである。時は、その推移とともに人びとの暮らし、建物や街角のたたずまいを変え、それはまた人をも変えた。本書のなかに織り込まれた川や海、山の緑、田園の風景の中に溶け込むような生活感あふれるふるさとの原風景、その一枚一枚が確実に多くの人の心を打ち、懐旧の情を喚び起こすだろう。その懐かしさが新たな記憶をよみがえらせ、そこから現代の暮らしを考えるヒントを見出すことができるであろう。

写真は、時を忠実に捉え、残し、伝えてくれる。それは具体的で説得力があり、かつ迫力がある。そして世代を超えて理解が可能な第一級の歴史資料でもある。昔はこんな暮らしが、風景が、風俗がここにあった。この場所が今はこんなになっていると、見る人の話題はどんどんと広がっていくであろう。

確かに昭和は激動であった。しかし私たちはこの激動のなかにあって、何かを失うと同時に手に入れるものも多かった。何を失い、なにを得ることができたか、本書の選んだ六百余枚の写真の語ることをしっかりと聞きとっていただきたい。そして自分の足元の歴史を知り、暮らしを回顧しつつ、新しい時代にふさわしい視点から地域の将来を考えていただきたい。本書をその拠り所としていただければ幸いである。

2 ページ写真
右：兄弟並んで「気をつけ！」〈南国市立田・昭和 18 年頃・提供＝秦泉寺真行氏〉
中：土佐山田まつり〈香美市土佐山田町西町・昭和 30 年代・提供＝野村征子氏〉
左：牛のセリ市に出す前の記念写真〈香美市物部町庄谷相・昭和 30 年代・提供＝小松範之氏〉
3 ページ写真
右：提灯を取り付けて絵金祭りの準備〈香南市赤岡町・昭和 54 年・提供＝竹村暢文氏〉
中：自宅前の母と子〈長岡郡大豊町川井・昭和 33 年・提供＝小松恭子氏〉
左：後免東町の理容店〈南国市後免町・昭和 49 年・提供＝南国市〉

地理・交通

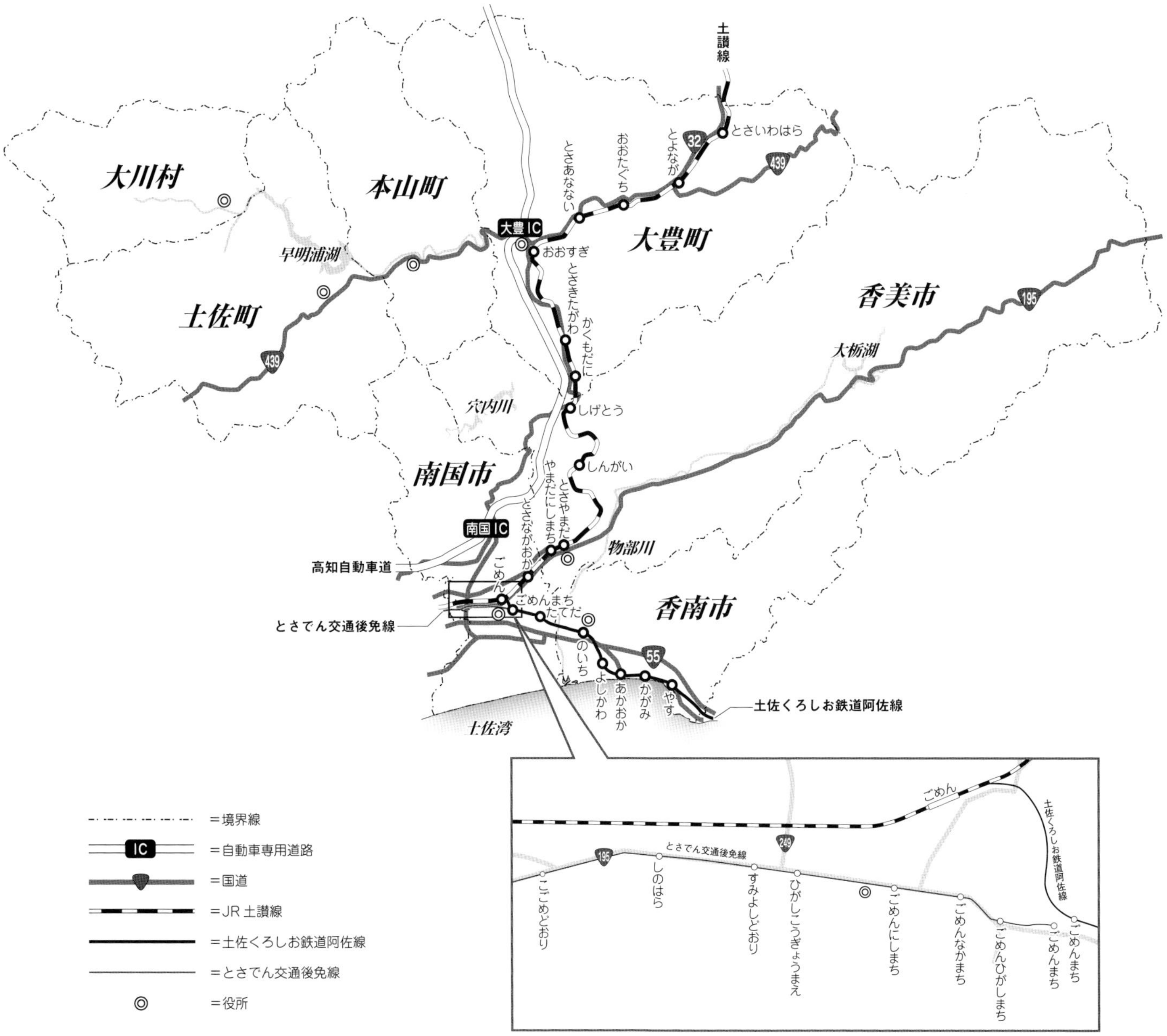
土讃線
とさいわはら
とよなが
おおたぐち
とさあなない
32
439
大川村
本山町
大豊IC
大豊町
早明浦湖
おおすぎ
とさきたがわ
かくもだに
土佐町
439
香美市
195
大栃湖
しげとう
穴内川
しんがい
南国市
やまだにしまち
とさやまだ
南国IC
とさながおか
物部川
高知自動車道
ごめん
ごめんまち
たてだ
香南市
とさでん交通後免線
のいち
55
よしかわ
あかおか
かがみ
やす
土佐くろしお鉄道阿佐線
土佐湾
=境界線
=自動車専用道路
=国道
=JR 土讃線
=土佐くろしお鉄道阿佐線
=とさでん交通後免線
=役所
ごめん
土佐くろしお鉄道阿佐線
249
195
とさでん交通後免線
こごめどおり
しのはら
すみよしどおり
ひがしこうぎょうまえ
ごめんにしまち
ごめんなかまち
ごめんひがしまち
ごめんまち

旧市町村図

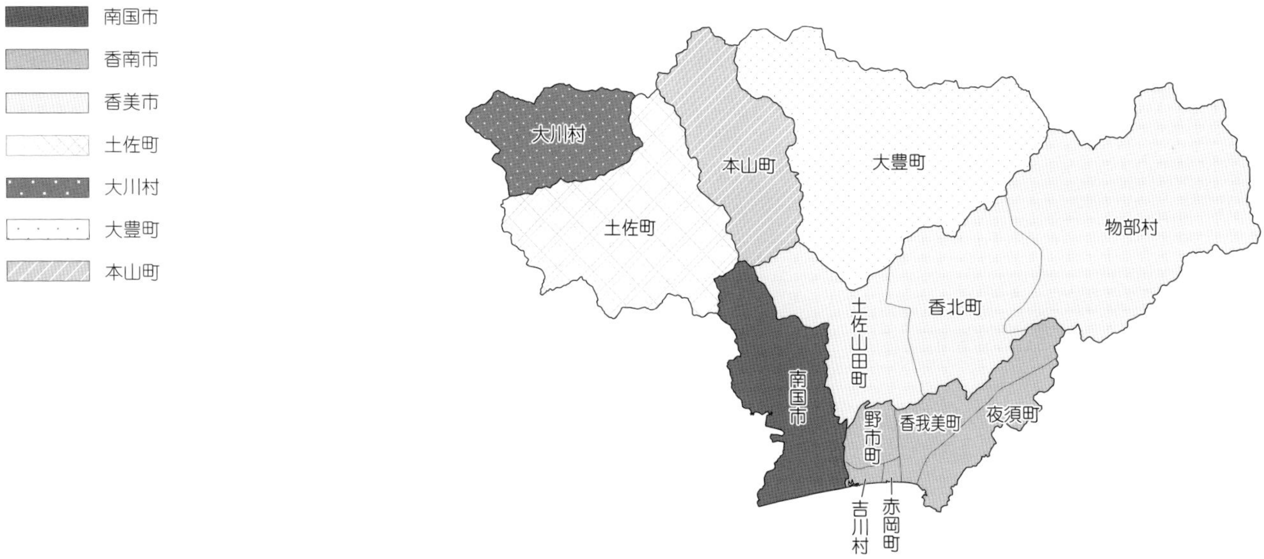
南国市
香南市
香美市
土佐町
大川村
大豊町
本山町
大川村
本山町
大豊町
土佐町
物部村
香北町
土佐山田町
南国市
野市町
香我美町
夜須町
吉川村
赤岡町

南国・香南・香美・土長の昭和略年表

※交通網の変遷、学校開設、統廃合等については各章に掲載

年代	関連地域のできごと	周辺地域、全国のできごと
大正 15 年／昭和元年		大正天皇崩御、昭和と改元
昭和 4 年（1929）		世界恐慌発生／浜口雄幸が総理大臣就任
昭和 5 年（1930）	高知線土佐山田～角茂谷間が開業／高知鉄道の後免～安芸間が全通	
昭和 6 年（1931）	龍河洞の探検が行われる	満州事変勃発
昭和 7 年（1932）	高知線の角茂谷～大杉間が開業	五・一五事件
昭和 8 年（1933）		日本が国際連盟を脱退
昭和 9 年（1934）	龍河洞が天然記念物及び史跡に指定／高知線大杉～豊永間が開業	室戸台風
昭和 10 年（1935）	省営バス山田～大栃線が開通／高知線三縄～豊永間が開業、多度津～須崎間を土讃線とする	
昭和 11 年（1936）	省営バス後免～山田間が開通	二・二六事件
昭和 12 年（1937）	野市～龍河洞間の路線開発工事が完成	盧溝橋事件発生、日中戦争に突入／防空法施行
昭和 13 年（1938）		国家総動員法施行
昭和 14 年（1939）	土讃線須崎～土佐久礼間が開業	警防団設置
昭和 15 年（1940）		全国で紀元二千六百年記念祝賀行事が開催／大政翼賛会発足
昭和 16 年（1941）		尋常小学校が国民学校と改称／太平洋戦争開戦
昭和 17 年（1942）	三島村の一部が野市町に編入／田村・立田村・三島村が合併、日章村となる／山南村・徳王子村・富家村・香宗村が合併、大忍村となる	三大婦人会が統合され大日本婦人会発足／ミッドウェー海戦敗北
昭和 18 年（1943）	夜須村が町制施行して夜須町となる	
昭和 19 年（1944）	日本海軍高知海軍航空隊の日章第一海軍航空基地が建設	学童疎開開始／学徒勤労令、女子挺身勤労令公布
昭和 20 年（1945）	野市町上岡地区に空襲、10 人が犠牲／住吉海岸に駐留していた震洋隊が大爆発、111 人の兵士が死亡	全国で空襲激化／太平洋戦争終結／治安維持法廃止
昭和 21 年（1946）	赤岡海岸で機雷爆発事故 9 人の子どもたちが犠牲	南海大地震
昭和 22 年（1947）	土佐電鉄バスが龍河洞線の運行を再開	新学制実施／日本国憲法施行／警防団が消防団に改組される
昭和 23 年（1948）	大忍村が分村して山南村・徳王子村・富家村・香宗村となる	
昭和 24 年（1949）	土佐電鉄の後免～手結間が電化される／戸板橋（吊り橋）が竣工	下山事件、三鷹事件、松川事件発生
昭和 25 年（1950）	日章空港で昭和天皇を奉迎／土電バス野市～神母木間線が運行開始	朝鮮戦争勃発、特需による経済復興／警察予備隊設置
昭和 26 年（1951）	物部川ダムの起工式／土佐電鉄の野市駅が改築落成	サンフランシスコ平和条約、日米安全保障条約調印
昭和 27 年（1952）		警察予備隊が保安隊に改組
昭和 28 年（1953）	土電バス野市～山田線が運行開始／自衛隊善通寺部隊が野市宿営開始	NHK テレビ放送が開始／奄美群島が本土復帰
昭和 29 年（1954）	土電バス吉川線が運行開始／土電が蛍橋～手結間の直通運転を開始する／山田町・新改村・大楠植村・佐岡村・明治村・片地村の 6 町村が合併、土佐山田町となる／日章～大阪間に定期航空便が運行される	保安隊が自衛隊に改組
昭和 30 年（1955）	野市町が佐古村・香宗村・富家村と合併、新たに野市町となる／東豊永村・西豊永村・大杉村・天坪村が合併、大豊村となる／岸本町・徳王子村・山北村および東川村の一部・西川村の一部が合併、香我美町となる／本山町が吉野村と合併、新たに本山町となる／地蔵寺村・森村・長岡郡田井村が合併、土佐村となる	神武景気の始まり
昭和 31 年（1956）	後免町が上倉村・瓶岩村・久礼田村・国府村・長岡村と合併、新たに後免町となる／大篠村・三和村・稲生村・十市村・香美郡前浜村・日章村が合併、香長村となる／槇山村・上韮生村が合併、物部村となる／永瀬ダムが完成	経済白書に「もはや戦後ではない」と記載
昭和 32 年（1957）	第 1 回どろめ祭り開催	
昭和 33 年（1958）	空港整備法に基づいて第二種空港・高知空港に指定される	岩戸景気の始まり／東京タワー完成
昭和 34 年（1959）	後免町・香長村・野田村・岡豊村・香美郡岩村が合併、南国市となる	皇太子ご成婚
昭和 35 年（1960）	高知空港が供用開始される	
昭和 36 年（1961）	大宮町・在所村が合併、香北町となる	
昭和 37 年（1962）	陸上自衛隊第 325 地区施設隊が香我美町に駐屯開始	
昭和 39 年（1964）	東京オリンピックの聖火が当地域を通過	東海道新幹線開業／東京オリンピック開催
昭和 44 年（1969）	南国バイパスの高須～物部間が開通	アポロ 11 号が月面に到達
昭和 45 年（1970）	土佐村が町制施行、土佐町となる／台風 10 号が来襲	大阪で日本万国博覧会開催
昭和 47 年（1972）	大豊村が町制施行、大豊町となる／集中豪雨で被害甚大	札幌冬季オリンピック開催／浅間山荘事件／沖縄が本土復帰
昭和 48 年（1973）	現戸板島橋が竣工／龍河洞スカイラインが開通／早明浦ダム竣工式	第一次石油ショック／関門橋開通
昭和 49 年（1974）	高知空港拡張反対市民連合会が発足／土佐電鉄安芸線が廃止／台風 16 号が来襲	
昭和 51 年（1976）	第 1 回絵金祭り開催／台風 17 号が来襲	
昭和 52 年（1977）	高知空港が特定空港に指定される	
昭和 54 年（1979）	土佐電鉄の鉄道部が廃止	第二次石油ショック／東京サミット開催
昭和 58 年（1983）	高知空港ターミナルビルと新滑走路が落成	
昭和 61 年（1986）	土佐くろしお鉄道が発足する	
昭和 62 年（1987）	四国横断自動車道大豊～川之江間の起工式	国鉄民営化／この頃からバブル景気へ突入
昭和 63 年（1988）	土佐くろしお鉄道の阿佐線起工式	青函トンネル、瀬戸大橋が開業
昭和 64 年／平成元年		昭和天皇崩御、平成と改元

監修・執筆者一覧

（敬称略・五十音順）

■監修・執筆

宅間《たくま》一之《かずゆき》（土佐史談会会長）

■執筆委員

秋山《あきやま》田鶴子《たづこ》
阿部《あべ》香織《かおり》
大西《おおにし》千之《ちゆき》
大前《おおまえ》里奈《りな》
小笠原《おがさわら》由美《ゆみ》
尾田《おだ》安弘《やすひろ》
上地《かみじ》正人《まさひと》
楠目《くずめ》瑞恵《ずいけい》
澤村《さわむら》茂《しげる》
下村《しもむら》堯基《たかもと》
釣井《つりい》龍秀《りゅうしゅう》
中溝《なかみぞ》勝彦《かつひこ》
二宮《にのみや》哲也《てつや》
福原《ふくはら》明理《あかり》
藤本《ふじもと》眞事《しんじ》
前田《まえだ》正也《まさや》
宮崎《みやざき》壽美江《すみえ》
森本《もりもと》琢磨《たくま》
山﨑《やまざき》ナミエ
吉川《よしかわ》琴子《ことこ》

▼くどのある台所の風景　〈長岡郡大豊町・年代不詳・提供＝豊永郷民俗資料館〉

凡例

一、本書は、南国市、香南市、香美市、本山町、大豊町、土佐町、大川村の、主に昭和時代の写真を、年代順またはテーマごとに分類して収録した。
二、本書に掲載した説明文には、原則として末尾に現在の市町名、写真撮影年代と写真提供者名を表記した。
三、名称や地名は、一般的な呼称や略称を使用し、現在使用されていない名称や地名に適宜「旧」と表記した場合がある。
四、本書の市町村表記は、平成三十年七月現在のものとした。
五、用字用語については、原則として一般的な表記に統一したが、執筆者の見解によるものもある。
六、説明文中の人名など固有名詞は敬称略とした。

1 昭和初めの人びと

近年、「古き良き昭和を見つめ直そう」という声を各所で聞く。不景気が続き、マスメディアから悲惨なニュースが毎日のように報じられるなか、ノスタルジーに耳目を傾けたくなる風潮もわからなくはない。いつの世も「昔はよかった」との意見は、聞こえてくるものである。

しかし、「昭和」という時代をひとくくりにして、「貧しくとも、心は豊かだった」「現代人が忘れてしまった道徳心があった」と一般化することは、果たして正しいことなのだろうか。昭和期にも、それ以前からも、犯罪やモラルハザードは多々存在していたし、女性や子どもに対する人権意識も、現代と比べれば、はるかに低かった。また、昭和時代には報道機関がそれほど発達しておらず、現代に比べて不幸なニュースを聞く機会が少なかったことも、考慮に入れておかねばなるまい。

昭和という時代は、金融恐慌と本格的な軍国主義への突入で始まった。昭和二年、日本政府は、大陸における自国の権益を確保するため、中国東部へ出兵。その後は、「満州」の実力者・張作霖の政治利用を図った。しかし、満州駐在の日本軍は、翌年、傀儡政権樹立を狙って張を殺害する。このことで、日本は国際的な非難を浴びることとなった。

事件を受け、時の内閣は退陣し、昭和四年、高知県出身の浜口雄幸が首相に就任した。浜口は翌年、ロンドン海軍軍縮条約に調印するなど、軍国化する日本に一定の歯止めをかけた。しかし、内政においては、「金解禁」の時期を見誤ったことで、経済をさらに疲弊させる結果を招いたのである。

その影響は庶民の生活にまで及び、人々に政党政治への不信を育てる一因ともなった。不況は、やがて全国レベルで労働争議を誘発させ、本書の地域でも、昭和五年の四国生糸高知工場（香美郡土佐山田町にあった鏡繭糸の前身）や同七年の穴内鉱山（長岡郡天坪村）等の事例がある（山本大・福地惇著『高知県の百年』より）。不況を背景とした工場閉鎖や人員削減に対し、労働者は自身と家族の生活を守るため、声を上げた。

こうした外交・内政双方で暗雲が立ち込めていた昭和初期、この地域の人びとはどのような暮らしをしていたのだろうか。写真の数々から、その一端を感じていただければ幸いである。

（森本琢磨）

▲岸本浜の光景　香我美町岸本では明治の頃から漁業が盛んに行われており、明治の初め頃には学校運営費も漁業の収益で賄っていたという。漁法は地曳網である。網元８戸により経営され、曳子による人力操業であった。太平洋戦争勃発までは続いたが、戦時下の人不足や、アメリカ軍の空襲により操業ができなくなった。〈香南市香我美町岸本・昭和７年・提供＝森下蕃雄氏〉

◀親族勢揃いで記念写真　提供者の母の両親、姉家族、妹、祖母、祖父の妹など、近親者が集まって顔合わせした時のもの。前列右の腰掛けた女性が母親で、その２人置いて左が祖父の姉。祖父の姉は、坂本龍馬祖先の地・才谷の大濱良蔵の妻。〈南国市久礼田・昭和元年・提供＝澤村茂氏〉

▶結婚門出に家族と仲人と記念写真　当時の結婚は仲人が縁談話、見合いから結納、結婚式まで、すべての段取りを取り仕切っていた。仲人は婿と嫁の両家を行き来して話を詰め、その度に両家は飲食でもてなした。〈南国市亀岩・昭和元年・提供＝澤村茂氏〉

◀南陣山の敬老会　昭和３年に長岡村（現南国市南陣山）の神母神社で行われた。敬老の日は昭和22年に兵庫県で行われたのが始まりとされるが、それより前、すでに敬老会が行われていた。現在では敬老の日と合わせて、９月に行われるが、この時は１月に行われている。〈南国市南陣山・昭和３年・提供＝南国市〉

▶伐採した木を現場で製材
天坪村南部の5集落は林業の主要産地として木材薪炭の産出が盛んだった。また本県屈指の木炭産地で、農林大臣賞や県の表彰を受けるなど高品質の木炭生産者がいる木炭王国を誇っていた。写真は、製材に必要な発動機やノコギリなどの機材を現場に運び、組み立てて作業をしている場面。同村は昭和31年土佐山田町に編入した。〈香美市土佐山田町繁藤・昭和初期頃・提供＝三木孝重氏〉

◀吉野村公会堂の落成式
明治22年の町村制施行で発足した吉野村の役場の隣に公会堂が完成し、落成式が行われた。各種の集会や研修会、また演劇の上演などが行われ村民たちに親しまれた建物は、戦後も新設された中学校の仮校舎や吉野村公民館として活用された。〈長岡郡本山町吉野・昭和3年・提供＝本山町教育委員会〉

◀宝鏡山吉祥寺道の道標の石柱建立　宝鏡山吉祥寺は大正５年に武田無着尼が、京都の吉祥寺を勧請して建立、開基した寺。無着尼は婦人の道を説く教化活動を活発に行ったといい、近隣地域では「自浄会」「報徳会」などの婦人修養団体が盛んに結成された。無着尼が昭和３年に東京で逝去すると、檀信徒総代が協議して遺徳をたたえ開山堂を建立した。写真もそうした動きのひとつであろう。〈香南市野市町東野・昭和４年・提供＝別役秀氏〉

▶領石橋開通で三代夫婦の渡り初め記念写真　当時の若夫婦・徳橋忠喜氏、初子氏（右）の娘さん（90歳）によると、左端の曾祖母は安政２年生まれという。昭和57年３月に行われた「こくぶがわばし」の落成式でも、近所の徳橋家の三世代家族が渡り初めを行った。〈南国市領石・昭和５年・提供＝南国市〉

◀領石橋　旧国道32号の領石川に架かる橋。橋の向こう、左手の瓦葺き大屋根の建物は天理教植野教会で、右は料亭の橋本屋。橋の向こうの袂の木は国道の並木として植えられたセンダンである。現在の橋の欄干には「昭和５年６月落成」とあり、左岸側に親柱の台座と高欄の一部が残され、本体は当時のままである。〈南国市領石・昭和５年・提供＝南国市〉

▶本山町立図書館落成時の仮装行列
本山小学校の南に建坪16坪の洋館二階建ての図書館が完成した。それを祝した仮装行列が繰りだした。行列には子どもから大人までの多くの町民が参加して、図書館の完成を祝った。〈長岡郡本山町本山・昭和5年・提供＝本山町教育委員会〉

◀県指定の養鰻場を知事一行が視察　八王子宮の東池は高知県のアユ、コイなどの淡水魚やウナギの養殖試験場だったため、知事の視察なども度々行われた。現在の八王子宮土俵場の辺りにあった。〈香美市土佐山田町・昭和5年頃・提供＝香美市〉

▶県指定の養鰻場西池　現在の八王子宮の西側にあったという高知県指定の養鰻場西池。右手に東池があり奥には墓山があった。眺めが良く、池に張り出して設置された舞台の宴席には芸妓たちが花を添えた。現在、一帯は埋め立てられてプラザ八王子、ヤンマー農機製造やマンションなどが建ち並んでいる。〈香美市土佐山田町・昭和5年頃・提供＝香美市〉

◀上街公園茶屋　上街公園には、明治時代に桜の木が植えられて、春には多くの花見客で賑わい、写真のような料理屋も置かれていた。この公園は土居屋敷跡とも呼ばれ、土佐藩の参勤交代時には休憩所として利用されていた。現在、公園で花を咲かせている桜の木は２代目である。〈長岡郡本山町本山・昭和７年頃・提供＝森幹郎氏〉

▶料亭・松乃家前にて　立派な店構えの町内にあった料亭・松乃家。三味線を持った芸妓たちが乗る外国車と木造二階建ての玄関には幕が張られている。昭和初期の華やいだようすを伝える一枚。〈長岡郡本山町・昭和７年・提供＝森幹郎氏〉

▶新宮神社での清掃奉仕　地域の神社はそれぞれ住民（氏子）によって定期的に清掃の義務が課せられていた。この頃は、制服は洋装だが、ふだんはまだ着物を着用している子も多い。境内から石段の掃除を終え、ほっと一息微笑む女生徒達の鳥居前での記念写真。〈南国市十市・昭和７年頃・提供＝南国市〉

◀岸本浜での地曳網　明治の頃から盛んであった地曳網も、太平洋戦争中には中断せざるを得なかった。戦後、昭和53年には岸本漁港所属の隻数は13隻であったが、そのうち7隻は非使用で、船はあっても就労者なしという状況になっていた。最近は昔の面影はなく観光地曳網が主流となっている。〈香南市香我美町岸本・昭和７年・提供＝森下蕃雄氏〉

▶岸本の浜でのひととき　冬休み帰省中の大学生が久しぶりに親戚と岸本の浜で過ごした際の写真であろう。浜では地曳網の光景も今日はなく、漁船も船体を浜に上げて休息中である。昭和初年の女性の着物姿、女の子の洋服、そして角帽に詰襟の大学生、その服装に当時の風潮が読めそうである。〈香南市香我美町岸本・昭和７年・提供＝森下蕃雄氏〉

◀手結港入口にて　海に突き出た突堤の内側、波静かな所でのボート遊びである。櫓をこぐ２人のうち一人はカンカン帽を被り、沖には帆掛け舟も浮かぶ昭和初期の風景である。手結港は内港掘りこみの港であり、太平洋からの荒波を突堤で防ぎ、入港する船の安全を確保していた。〈香南市夜須町手結・昭和７年・提供＝森下蕃雄氏〉

▶新郎新婦の記念写真
結婚式の日、婚家の門前での記念撮影だろう。現在のような式場を使うことは無く、ほとんどが自宅で式を挙げた。それにしても立派な門構えの家である。〈南国市比江・昭和８年・提供＝上田景子氏〉

◀野辺送りの葬列
葬式の目的は、魂の抜けた遺体を葬ることと、抜け出た魂を家から送り出し、迷わずあの世へ送ることと考えられていた。行列が墓所に着くと、墓穴を掘って棺を収め、一番近い者が最初に土をかけ、後は村人の手で埋められた。今ではこのような土葬の風習は見られなくなった。〈香美市現香北町美良布・昭和9年・提供＝大石綏子氏〉

▲葬列の出発　この時代は土葬であった。墓まで死者を送る葬列の先頭は、村の人が鎌や松明などの魔除けを持つ。位牌や遺影を持つのは家族の務め。トウマ組やシル組などと呼ばれる葬式組が村にあって、墓穴掘りや料理の準備などを手伝った。〈香美市香北町美良布・昭和9年・提供＝大石綏子氏〉

▼葬儀の日の母子　墓標の十字架がたくさんの花輪に囲まれている。大切な方を失ったのであろう。母の膝上で目を伏せている幼子の穏やかな顔が印象的である。〈南国市十市・昭和10年・提供＝上田景子氏〉

▶正月の家族写真　元旦に家族が揃って新年の挨拶をした後だろうか。着物姿で皆かしこまってカメラのレンズを見つめている。新年は、三宝に載せたゆづり葉、橙、かち栗、昆布、干柿、米、掛け魚を、明き方に向かって家長から順番にきただき、雑煮と屠蘇で祝うのが伝統的な元旦の習慣だった。〈南国市十市・昭和9年頃・提供＝上田景子氏〉

▲おくるわ公会堂前に集合した地域の人びと　写真中央の小屋根は共同の井戸屋形で、10世帯くらいの生活用水として飲み水や風呂等に利用されていた。祝日には国旗を掲げる習慣があり、左端には国旗掲揚台もみられる。〈香美市土佐山田町栄町・昭和10年頃・提供＝野村征子氏〉

◀稲刈りを終えてひと休み　父子は帽子にカッターシャツ、姑と嫁は手ぬぐい姉さんかぶりに和装。当時の農作業姿である。昭和35年頃までの稲刈りは、腕達者順に横に並び中腰の姿勢で、鎌で横に4株刈り右側の刈り株の上に干し、前進していった。それ以後はバインダー・コンバインと機械化が進み、鎌での稲刈り風景は見られなくなる。〈南国市久礼田・昭和10年頃・提供＝澤村茂氏〉

▶坂本鉄工所の出荷風景　昭和7年創業の老舗の鉄工所で、木枠に「土佐山田町坂本鉄工所中型ベルトハンマー」とあるように、主に打ち刃物を作る機械を作っている。当時は工場からオート三輪で駅まで運び、土佐山田駅から関西方面の鍛冶屋に出荷した。この時代には軍刀や銃剣を作る役割を担っていた。写真のオート三輪は国産バイクを改造しており、500ccでバックギアも付いていた。しかし戦中には燃料不足となり主な輸送手段は車力（今でいうリヤカー）や馬車となった。〈香美市土佐山田町東本町・昭和10年代前半・提供＝香美市〉

▲正月を祝う　当時は、毎年正月になると地域の人たちが産土神《うぶすながみ》である大川上《おおかわかみ》美《び》良《ら》布《ふ》神社に集まり、昨年の御礼と新年の家内安全、五穀豊穣などを祈願していた。今ではこのような光景は見られなくなった。〈香美市香北町美良布韮生野・昭和10年・提供＝後藤孝志氏〉

▶牛を使っての農作業　南国市田村での田ごしらえの風景である。二期作の盛んな南国市では4月頃から早稲の植え付け作業が始まる。牛鍬で荒耕しをし、水を張り馬鍬で大きなクレを壊し水田面をならしていく。〈南国市田村・昭和12年・提供＝南国市〉

▶東豊永村青年団対抗体育大会で優勝　相撲のまわしに「岩青」の文字があり、優勝したのは岩原青年団とわかる。大正末頃から県下の青年団は44連隊で泊まり込みの軍事教練を受けるなど、軍事色を強めつつあった。写真に写る男子は左端の校長以外全員が兵隊として戦地へ赴き、そのうち20人が戦死したという。〈長岡郡大豊町岩原・昭和13年・提供＝下村尭基氏〉

▲八王子宮の秋祭り　2日がかりで行われる秋祭りでは、2日目に、御旅所に立てられていた御葉竹《おはけ》が本社に納められると、祭りが無事終わる。御葉竹とは、秋祭りの間の神様の依代《よりしろ》となる。香長中央病院の南に位置する御旅所で、この年の当家組の記念撮影であろう。〈香美市土佐山田町栄町・昭和14年・提供＝野村征子氏〉

◀大楠植村役場落成式のもち投げ　明治11年、郡町村制施行時に大法寺、楠目、植村が合併。3村の頭文字をとって大楠植村となり、昭和29年の土佐山田町発足まで続いた。写真は昭和15年に落成した役場庁舎の落成式で行われた餅投げ。建物の左側に梯子が見えるが、これを使って1階の屋根に上ったのだろう、勢いよく餅を投げている。〈香美市土佐山田町楠目・昭和15年・提供＝香美市〉

▲大楠植村役場の落成式典　この年落成した役場庁舎は、昔の蚕室を兼ねた大農家を韮生郷（香北町）から移築したもの。1階が事務室、2階が会議室だった。楠目小学校の旧校地の西側にあり、現在、跡地はオートヨ土佐山田工場となっている。近くには皇紀二千六百年の石碑が残っている。〈香美市土佐山田町楠目・昭和15年・提供＝香美市〉

▲吉野川で船遊び　本山町を流れる吉野川の帰全山公園に架かる旧本山大橋の上流に、お客さんを乗せた遊覧船が浮かぶ。船の屋根に松乃家遊覧船とあり、町内にあった料亭松乃家の所有と思われる。川幅が広く、清流と言われていた頃の吉野川での光景である。〈長岡郡本山町・昭和15年頃・提供＝森幹郎氏〉

▶マンガン鉱掘現場　日比原川の源流付近で、戦前から昭和25年頃までマンガン鉱の採掘が続けられた。のみと「石頭」と呼ばれるハンマーで穴を開け、ダイナマイトを爆発させて掘削した。埋蔵量の減少と生産性の悪化で、閉鉱となった。〈香美市香北町日比原・昭和17年頃・提供＝後藤孝志氏〉

フォトコラム「白滝」に住んで

昭和四十七年、白滝鉱山閉山。

その白滝鉱山閉山と同時に日本鉱業を退社した夫と、家族とともに高知市内に移り住み、子育てと親の看取りを終えた平成九年――鮭が長い回遊を経て、生まれた川を目指すそれのように（夫が白滝に帰ってきた時の挨拶状の一部）――ふるさとの白滝に帰って来た。以来二十余年。

漆芸や木工がやりたくて、田舎に住みついた夫も先年他界。住みなれた山の上の生活、車の運転ができないので多少の不便はあるが、風の音を聴き、雲の行方を眺め、小鳥の囀り、時にはサルと得物を競い合ったり、チョウの舞を追ったり、山菜の恵みもいただき、至極豊かな気分で過ごさせてもらっている。

去る五月。もと白滝鉱山で生まれたという人が関東から訪ねて来られた。話を聞いてみると、父君がたまたま夫の上司だった人で、閉山よりはだいぶ前に転勤で本社（東京）に帰り、その後は関東圏に勤務し、先年亡くなられたという。その父君がよく白滝のことを話していたので、一度はと思っていたところ、昨年の大川村の「村民総会」の話題をメディアで目にし、生まれた場所を見ておきたいと急に思い立ったと……。

就学前の年齢で白滝を離れたので、おぼろげな記憶しかないが、両親の話や写真などで描いてきたイメージとは重ならず、元社宅街を歩いてみたいので案内してほしいと頼まれた。主だった場所を散策、説明に努めたが、いまひとつのごようす。最後に、今は放牧場や黒牛の肥育舎になっている対岸の「大川村ふるさとむら公社」の朱色の屋根の元白滝小・中学校が見える場所まで行くと、「あっ、これだ」というようにカメラを向け、しきりにシャッターを押していた。

「いい場所に案内してもらって、やっとイメージと重なりました。訪ねて来てよかった!!」と山を降りられた。

後日、地元の名産を添えて「父の墓前に白滝の今を伝えることができ、嬉しかった」と丁寧な礼状が届いた。

思いがけない人にもめぐり会い、ここに住んでいてよかったと、しみじみ思った。

（秋山田鶴子）

◀**白滝鉱山の第一選鉱場**　背景の建物が第一選鉱場（現在の朝谷山腹工管理棟）。この時代に、すでにこんなに多くの女性が働いていた。〈土佐郡大川村船戸・昭和11年頃〉

※本コラムの写真は『大川村史追録別冊　写真集おおかわ』より転載

▲白滝鉱山の鉱石運搬用の馬　トロッコを使用する前、第一選鉱場から第二選鉱場への運搬に使っていたのだろうか。地形的に傾斜のきつい鉱山《やま》で馬の使役は考えにくい。〈土佐郡大川村船戸・昭和11年頃〉

▶映画館・白滝会館
白滝に住んだ者にとって、もっとも懐かしい場所として記憶されている。現在、この場所は敷地内に植えられていたメタセコイヤの梢が、対岸の道路から確認できるのみである。〈土佐郡大川村船戸・年代不詳〉

◀鉱山の診療所と郵便局　正面が白滝鉱業所医院で、その左奥に白滝郵便局がある。右端の樅の木は現在も残っている。鉱山で生活していた人たちにとって、健康と外部との通信、流通の拠点として、とても大切な場所だった。名物医として有名だった糸川先生が、小型リヤカーを引いた愛犬「ゲリー号」を伴って往診する姿が、多くの人の記憶に残っている。〈土佐郡大川村船戸・年代不詳〉

▶白滝鉱山の運動会　ボタ山（ズリ）の上の広場で行われた年に一度の会社の運動会。運動会は、春の山神祭とともに、会社の操業をすべて停止して行われた。従業員、家族総出で健康の増進と皆の交流を図り、楽しい思い出の１日となっていた。現在この広場は白滝の里で11月に行われるイベント・謝肉祭の会場となっている。〈土佐郡大川村船戸・年代不詳〉

◀社宅と白滝小・中学校
右端に半分写っている木造二階建ての建物が、白滝小・中学校の校舎。この建物は、朱色の屋根そのままに、現在、大川村ふるさとむら公社が運営する白滝の里の宿泊施設として利用されており、鉱山に住んだ者の心の拠り所となっている。関係者は、末長く歴史遺産として後世に伝えてほしいと切に願っている。〈土佐郡大川村船戸・年代不詳〉

2 昭和初めのふるさと逍遥

昭和四年七月、浜口雄幸内閣総理大臣が出現した。県民は「おらんく宰相」登場と沸きかえった。しかし内閣の進める緊縮財政政策は庶民の生活を圧迫し、労働争議や小作争議も多発した。

「土佐はよい国　南をうけて　年にお米が二度取れる」とよさこい節は歌う。米の二期作をうたったものである。二期作は浦戸湾周辺の湿田地帯に発し、次第に高知平野中央の乾田地帯へと発展していった。広々とひろがる田園の風景はふるさとのシンボルである。

収穫と植え付けが同時に行われる七月下旬から八月上旬には、猫の手も借りたいほど多忙で、山間部から働きに来る女の「秋仕《あきし》」や、「鎌棒《かまぼう》」という男の出稼ぎが最盛期には五、〇〇〇人もいたという。また一般に農家では牛を飼わずに賃借り牛で水田を耕した。牛の貸付市も開かれる盛況ぶりであった。昭和七年頃は、二期作の作付面積が六、〇〇〇ヘクタール　もあった。しかしいまは野良で働く鎌棒の姿も秋仕も見えず、牛耕する長閑な田園の牧歌的風景も消えて、トラクターの響きだけが残る田園風景となった。

山間部は急峻な山々が幾重にも連なり、水田稲作のできないところも珍しくない。生活は自然を活かした自給自足を原則とするものにならざるを得ない。山を焼いて畑（焼畑）にし、ヒエ、アワ、ソバ、ダイズ、トウモロコシ（トウキビ）、イモ、ダイズ、オオムギなどを栽培した。獣や川魚、木の実などは貴重な栄養源であった。

しかし山には豊富な資源があった。土佐木材は天下に知られた資源であり、製紙原料のコウゾ、ミツマタや茶、シイタケなども作られてきた。山の人びとはこれらの産物で現金収入を得、食糧や道具を購入して村のなりわい、森の暮らしをうち立ててきた。

しかし時代の変化に伴って、燃料が薪炭から、石油やガスになり、外国から安い木材が輸入されるようになると、かつて山村が担っていた役割も変化した。工場は外国に移り、山の仕事は激減し、生活を取り巻く環境も大きく変わってきた。

しかし地域の人達は自分達の生活を支えてきた豊かな自然環境を活かし、それと調和した産業・地域づくりを目指して今日も懸命に生きている。

〈宅間一之〉

▲海側から見る手結海水浴場　海水浴場を眺めている少年の右側には、土佐藩家老・野中兼山が尽力して明暦元年（1655）に完成させた掘りこみ式港として名高い手結港へ入港する船を守る石積み護岸の一部が見える。石積みの目地は白い漆喰で固められている。しっかりと帯を締めた絣の浴衣に学生帽の少年の姿が印象的である。〈香南市夜須町手結・昭和7年・提供＝森下蕃雄氏〉

▲上岡山から望んだ物部川橋　画面いっぱいに流れる物部川、その源流は香美市物部剣山山地の白髪山である。そこから南西に流れて香長平野を貫流し、南国市の東端で土佐湾に注いでいる。物部川橋は、当時は最も河口に近い橋であった。この橋は南国市御免から香南市野市に至る道路に架かり、国道33号、のちに55号そして県道南国野市線と名称を変えて現在に至っている。上岡山は南国バイパス（現国道55号）に南接する小高い山である。そこから北に流れを追うと、橋を隔てて蔵福寺、福船、京田の地があり、その北には重畳とそびえる北山の山々が迫ってくる。当時はまだ西岸の南国市側にもさして集落は広がっていない。〈香南市野市町上岡～南国市物部・昭和18年・提供＝南国市〉

◀岡豊山（現岡豊城跡）から西を望む　のどかな田園の風景。すぐ目の前には忠霊塔が建つ伝厩跡曲輪。その先には、国分川の蛇行、さらに遠く高知市が望めるはずである。〈南国市岡豊町・昭和10年頃・提供＝南国市〉

▲岡豊山（現岡豊城跡）から東を望む　岡豊山西田公園からの展望。眼下の岡豊尋常小学校の屋根から笠ノ川川、そして土佐国分寺の森から「土佐国府」の平野が広がる。この辺りは「土佐のまほろば」と呼ばれ、古代の雅の風情は今も健在である。〈南国市岡豊町・昭和10年頃・提供＝南国市〉

▼岡豊山（現岡豊城跡）から国分川を望む　現在の岡豊城跡二の段東端から東を見る光景である。眼下には国分川に笠ノ川川が合流して岡豊大橋の下を流れていく。その先には岡豊城下の新町も吉田土居の跡も見える。遠くには野市、三宝の山も見え右端は太平洋へと続く。長宗我部氏の眺めた風景そのままであろうか。〈南国市岡豊町・昭和10年頃・提供＝南国市〉

▲十市村役場と十市村尋常高等小学校　左の道奥の二階建てが役場で、右の畑の向こう側の建物が小学校である。十市には明治5年ごろから有隣学舎、晩翠舎などの学問所があった。十市村尋常高等小学校となるのは同25年4月であった。太平洋を目前に鎮守の森にいだかれた静かな環境の中心地である。〈南国市十市・昭和7年頃・提供＝南国市〉

▶国道32号を行くハイヤーと原バス　原バスは領石と後免の間を運行していた。手前右は食堂兼旅館の福留、その奥「クスリ」の看板は大川薬局。通りに両側にはセンダンの並木も見える。国道32号は、香川県議を務めた大久保諶之丞が私財を投じて、明治19年から整備した四国新道がその前身。地元の古老によると、明治21年頃に道路沿いに仮監獄を設け、囚人を開設工事に従事させていたという。南国市植野は四国山地の嶺北地方や、高松、本州方面への交通の拠点であった。〈南国市植野・昭和16年・提供＝南国市〉

◀**高知鉄道の岸本駅**　大正13年は高知鉄道、昭和16年には土佐交通、同23年には土佐電気鉄道の駅であった。しかし同49年の安芸線廃止により廃駅となった。駅名表示板に記されている、夜須、安芸方面寄りの「つきみやま」、そして高知寄りの「あかをか」の文字にも時代が感じられる。ホームには角帽の大学生と青年の2人の姿がある。〈香南市香我美町岸本・昭和7年・提供＝森下蕃雄氏〉

▲**岸本付近を走る高知鉄道のガソリンカー**　大正9年、長岡郡後免町に開設された高知鉄道が、同13年に後免町～手結間を開業、昭和5年には後免～安芸間が全通した。その後免安芸線を走るガソリンカー。ガソリンカーは設備があまり必要なくコストを抑えられることから、新たに開業した輸送量の少ない路線に採用された。高知鉄道は同16年、土佐電気の軌道事業と土佐バスを合併して土佐交通株式会社となった。〈香南市香我美町岸本・昭和7年・提供＝森下蕃雄氏〉

◀**手結港**　手結海水浴場側から南の仏の岬方向を見た光景である。画面からはみ出た長い突堤は、手結港へ入港する船や浜で遊ぶ海水浴客を守る防潮堤となっている。岬の突端は平安の昔、平家の攻撃を逃れた夜須行家が紀州、鎌倉へ船出した場所とも伝えられる。〈香南市夜須町手結・昭和7年・提供＝森下蕃雄氏〉

▶**夫婦岩**　大手の浜海岸の岬にあり、男岩が7.55メートル、女岩は7.30メートルである。昭和47年に手結住吉観光協会が海難防止の願いを込めて注連縄を掛け渡した。高知出身の文人・大町桂月が二見浦（三重県）の夫婦岩よりよいと激賞したと伝わる。夕日に映える夫婦岩は絶景という。〈香南市夜須町手結・昭和7年・提供＝森下蕃雄氏〉

◀**大手の浜海岸に立つ少年**　はるか後方には仏の岬が見え、少年の前方は夫婦岩がある景勝の地。波打ち際、少年の足元には平らな岩礁がむき出しており、岩礁に寄せる白波が足元を洗い爽快である。さして広い砂浜ではないが、岩肌むき出して立つ奇岩と、波洗う岩礁と白波が最高の景を描く。〈香南市夜須町手結・昭和7年・提供＝森下蕃雄氏〉

▶住吉の風景　大正15年「土陽新聞」が土佐十景の一つに選出した手結住吉海岸は、昭和31年1月県立自然公園に指定されている。遠浅の海、変化に富んだ展望、新鮮な海産物、天然の潮湯などの特徴をもつこの地は、昔から県民のレクレーションの場として、春の磯遊び、夏の海水浴と人気の場所であった。〈香南市夜須町手結・昭和7年・提供＝森下蕃雄氏〉

▼高知鉄道安芸線時代の手結駅　後免町～手結間に鉄道が開通したのは大正13年12月であった。写真の手結駅舎は開設当時の姿のままである。昭和4年4月には安芸までの延長工事が始まるが、それまでは東部の終着駅でもあった。すぐ目の前は広々とした海岸が開け、行楽地にふさわしい駅であった。〈香南市夜須町千切・昭和10年頃・提供＝馴田正満氏〉

▶乗合自動車に並ぶ人びと　昭和初期は野村組自動車会社が高知〜甲浦間の運行をほぼ独占状態で営業しており、高知鉄道の手結駅前に取扱店があった。同社が昭和5年に手結〜国光間の運行を開始すると、土佐バス会社がこれに対抗して、同6年に高知〜後免〜手結間でバスを運行開始。当時は手結駅を中心として、高知鉄道、野村組自動車、土佐バスの三社が乗客を取りあう、三つどもえの競争になっていた。〈香南市夜須町・昭和4年・提供＝香南市夜須公民館〉

▼サイドカー付バイクに乗った凛々しい警察官　山田警察署玄関前に停まっているのは日本ハーレー（のちの三共内燃機関）が、この年からライセンス生産を開始したハーレーダビッドソン VL1200cc。まだ四輪の警察車両は県下16署全部合わせても数台しかなく、サイドカー付きの自動二輪が活躍していた。〈香美市土佐山田町・昭和8年頃・提供＝三木孝重氏〉

▶山田警察署の正面玄関　シンメトリーなデザインの建物。正面玄関の上に掲げられた徽章も物々しい警察署の建物前で、サイドカー付き自動二輪に乗る警察官。建物は山田商店街にあり、西側に地方法務局があった。〈香美市土佐山田町西本町・昭和8年・提供＝三木孝重氏〉

▼香我美橋と香陽バスの営業所　昭和47年に台風による増水で橋脚が流されるまで旧香美郡の物部側の交通の要となっていた香我美橋。これは西岸（談義所）から東岸（片地《かたじ》）を写したもので、操業中の片地製糸工場の煙を吐く煙突が見える。左側談義所の橋のたもとには、香陽バスという地元民間のバス営業所がある。小型の乗合バスの横にはガソリンの給油器のようなものが写っている。昭和48年、橋脚のない新しい香我美橋が架けられた後も、川の中には昔の橋脚跡が残っており、渇水期には姿を表す。〈香美市土佐山田町談義所・昭和10年代・提供＝香美市〉

▼花をつけた竜舌蘭　メキシコ原産の植物で、「竜舌蘭」とは葉形を竜の舌にたとえた和名。数十年経つと、円柱茎を伸ばして枝を分かち、花をつける。写真の円柱茎は6メートル20センチある。花が咲くことは稀で、花をつけた株は枯れる。この家族にとっては一生に一度の、花をつけたこの竜舌蘭の株との記念撮影ではなかろうか。〈香美市物部町柳瀬・昭和11年頃・提供＝上池ひろえ氏〉

▲四国種馬所　片地村神母ノ木から宮ノ口にかけての約21ヘクタールの敷地に、昭和10年に設置された。軍用馬や一般の役用馬、競走馬などを改良するための施設で、和種やアラブ種などの優良馬の種馬が飼育されていた。〈香美市土佐山田町神母ノ木・昭和10年代・提供＝小松範之氏〉

▼第二穴内川橋梁の架橋工事　昭和5年に土佐山田～角茂谷駅間が高知線として開業したのに伴って供用開始された橋梁で、角茂谷駅と繁藤駅の間に位置する。高知線は同10年に三縄～豊永駅間が開通して多度津までつながる路線となったため、土讃線と改称された。〈長岡郡大豊町大杉・昭和5年頃・提供＝森下蕃雄氏〉

▲旧大杉村の杉集落全景　明治22年の町村制施行で東本山村が発足、大正7年に同村が改称して大杉村となった。この村名改称の理由となったのが、杉にある八坂神社境内の大杉で、延喜12年（912）に「杉村大杉の元に祇園牛頭天王及び貴船大明神の尊像を鎮め祀った」と、すでに大杉の称が用いられていた。〈長岡郡大豊町杉・昭和10年代・提供＝森下蕃雄氏〉

▼天然記念物・杉の大杉　八坂神社境内にある推定樹齢3000年とされるスギの巨木。根元から2本に株分かれしており、それぞれ「北大杉」「南大杉」と呼ばれている。南大杉は根回り約20メートル、樹高約60メートルで日本最大ともいわれる。昭和27年、特別天然記念物に指定されている。〈長岡郡大豊町杉・昭和10年代・提供＝森下蕃雄氏〉

▲粟生山定福寺の遠景　写真の右側の畑の中の石段を上った所にある大屋根が定福寺の本堂。真言宗智山派の寺院で、神亀元年（724）行基創建と伝える。本堂は安政年間に焼失し、現在の本堂は安政8年に再建されたものという。明治18年にも火災により、本堂以外の建物を焼失、仁王門、鐘楼堂などが失われた。〈長岡郡大豊町粟生・昭和初期頃・提供＝森下蕃雄氏〉

▼昭和初期の定福寺境内　本堂とその横の石段が見える。戦後、昭和33年に梵鐘を鋳造、同46年に鐘楼堂が落成。また、同52年に本堂大屋根の葺き替え、同59年に仁王門の再建など、古刹にふさわしい堂宇を整えている。〈長岡郡大豊町粟生・昭和初期頃・提供＝森下蕃雄氏〉

3 戦前の学校教育

教育という観点で日本の歴史を考えた時、昭和ほど大きな変革があった時代は、おそらくないであろう。軍国主義教育は、昭和二十年の敗戦を機に、民主主義に基づくものへと転換され、当時の、そしてその後の子どもたちの価値観を一変させた。読者の中にも、その時の衝撃や複雑な思いを覚えている方が、おられるだろう。

戦前の教育における最大の特徴は、国民を天皇の配下と位置付ける「臣民」の思想が根底に存在したことである。当時の教育の指針となった「教育ニ関スル勅語（教育勅語）」にもそれは反映されており、その中にある「兄弟仲良くせよ」「徳と才能を磨け」などの現代でも通じそうなフレーズも、最終的には「天皇のために」というところに行きつく。そうした絶対主義的天皇制のもと、子どもたちは学校という社会単位で学び、遊び、国に尽くす将来を夢見ていた。

学校の授業や行事にも軍国主義は反映され、子どもたちはその「正義」を信じて疑わなかった。本書の地域の子どもたちも例外ではなく、現在の香美市にあった鏡野尋常高等小学校（現山田小学校）では、昭和十五年、「皇紀二千六百年」の祝賀行事が行われている。

戦争が激しくなると、学校はさらなる軍への協力を余儀なくされ、三島村尋常高等小学校（現南国市田村付近）のように、基地建設のために接収されることもあった。軍の一部と化した学校は、アメリカの標的ともなり、前浜国民学校（現南国市前浜）や佐岡国民学校（現香美市土佐山田町）では、空襲を受けての犠牲者も出た（高知ミモザの会発行『学校の記憶と再生　かつて高知県には７０９の小中学校があった』より）。

戦争と思想統制に、すべてを支配されたこの時代の子どもたちは、不幸だったと言えるのかもしれない。しかし、どんな環境下にあっても、子どもたちの笑顔は、やはり眩しいものである。写真の中の子どもたち一人一人が、戦災を生き延びたかどうかは知る由もない。だが、一つ言えることは、彼らの世代が、やがて焼け跡から「戦後」をつくっていく重要な担い手となっていったということである。

（森本琢磨）

▲高知県立農業学校全景　現在の高知農業高校。明治23年、高知市北門筋に設置された高知県農業学校に始まる。大正10年、高知県立農林学校と改称、同12年3月に長岡郡長岡村に新校舎を落成し移転した。同校は昭和15年に創立50周年を迎えた。同23年、新学制により高知県立高知農業高校となった。〈南国市東崎・昭和18年頃・提供＝南国市〉

▲高知農林学校の水泳部　現在の高知農業高校の前身である高知農林学校。当時水泳の強豪校として名声高く、高知県内に2カ所しかない50メートルプールを備えていた。赤銅色の肌を包むのはワンピースの水着。戦前は競技用の水着として男子選手も使用していた。〈南国市後免町・昭和初期・提供＝秦泉寺真行氏〉

▶長岡高等小学校の開校50周年記念式　明治20年に長岡郡第3高等小学校として開校してから50年を迎えた昭和11年に記念式典が挙行された。明治27年、同校に併設して創立された女子実業補習学校が、大正15年に男子部を創設して長岡実業公民学校となった。なお、戦後の新学制で設置された鳶ヶ池中学校は、長岡高等小学校を前身としており、昭和61年に創立百周年記念式典を行い、翌年に創立百周年記念誌を発行している。〈南国市東崎・昭和11年・提供＝南国市〉

▲十市尋常高等小学校の朝礼風景　この時代、学校に体育館はなく、月曜日の朝礼は運動場で行われていた。マイクや拡声器などなかったため、校長先生の話は、校庭の端まで聞こえるような大きい声でなされていた。〈南国市十市・昭和７年頃・提供＝南国市〉

▶十市尋常高等小学校の菜園　現在の十市小学校の北側の県道248号を東へ700メートルほど行った、市立十市保育所の位置に十市尋常高等小学校があった。当時は校庭の端に菜園があったのだろう、和服姿の児童たちが鍬を手に作業をしている。肥桶らしきものも見える。〈南国市十市・昭和７年・提供＝南国市〉

▲十市尋常高等小学校の体操風景　昭和初期までの尋常小学校の体操は、明治期に移入されたスウェーデン式が多く見られる。写真で使用しているのは平均台だが、鉄棒、横木、肋木などの体操器械がグラウンドに置かれた学校も多かった。帽子の下は皆坊主頭。足元は裸足か運動足袋を履いている。〈南国市十市・昭和7年頃・提供＝南国市〉

▲三和尋常高等小学校の建築工事　明治22年、浜改田に浜改田小学校、里改田に三和小学校が置かれた。その後昭和8年に合併が決まり、学校沿革概要には「昭和10年2月三和小学校の工事竣工三和尋常高等小学校として発足」とある。写真はその時の工事風景である。本校舎の瓦葺き作業が行われており、その右手の建物は昭和8年4月に海南中学校から旧開成館（現在の高知市九反田に慶応2年（1866）に置かれた土佐藩の技術教育機関）の建物を貰い受けた講堂である。管理棟兼講堂として利用されていた。〈南国市里改田・昭和9年・提供＝溝渕洋哉氏〉

▲三和尋常高等小学校の昼食風景　昭和10年、浜改田小学校と三和小学校が合併して三和尋常高等小学校として発足した。お昼の弁当は、粗末な中身を気にして他人に見られないようにしたものだが、写真撮影のためか、弁当箱を腕で覆うでもなく、笑顔を見せて堂々と食べている。〈南国市里改田・昭和13年・提供＝南国市〉

▼教育勅語渙発40周年記念が行われた三和尋常高等小学校　時の浜口雄幸内閣において、文部省が主導して教育勅語が発布されてから40周年となる記念の行事が全国で開催された。教育勅語は、太平洋戦争が終わるまではすべての教育の基本であるとされ、天長節などの行事では白手袋をした校長が最敬礼をして奉安殿から取り出して奉読した。〈南国市里改田・昭和5年・提供＝南国市〉

◀城山実業青年学校の女子生徒たち　明治14年、城山の地に、高知第一中学校分校が誕生し、様々な変遷をたどりながら地域の教育の場としての役割を担い続けている。写真の右奥には大国旗掲揚台が見える。さらにその隣には千頭義重先生の石像が設置されていた。〈香南市赤岡町・昭和13年・提供＝樫谷之昌氏〉

▶城山実業青年学校の慰問袋づくり　縫製している女子生徒の人数からすると、女子部本科の生徒たちだろう。盧溝橋事件があった年の写真である。だんだんと戦争の影が濃くなっていく。一般的に慰問袋には雑誌、手紙、下着、キャラメルなどを入れていた。慰問袋の縫製作業のようすを撮るために、このような並びにしたのだろう。〈香南市赤岡町・昭和13年・提供＝樫谷之昌氏〉

◀徳王子村尋常小学校入学児
男子13人、女子12人の入学記念写真であろう。坊主頭の男子、おかっぱ頭の女子、敷物の上に正座する女児の姿。初めて写真に収まる児童もいたであろう。緊張の一瞬である。背後の校舎も板張り、ガラス窓も木枠の木造校舎。教員、児童の服装にも時代が読める。〈香南市香我美町徳王子・昭和13年・提供＝樫谷之昌氏〉

▶徳王子村高等小学校の卒業生
卒業生24人と恩師そろっての高等小学校最後の記念写真である。男子は皆詰襟の学生服に、校章輝く学生帽姿、女子もほとんどセーラー服。全員卒業の決意新たに緊張の表情である。世は戦争体制に突入の時代、卒業生の中には何人か戦火の中に命を落とした少年もいると思えば心は痛む。〈香南市香我美町徳王子・昭和11年・提供＝樫谷之昌氏〉

▲佐古尋常高等小学校の新校舎落成　明治19年の小学校令を受けて、佐古村では母代寺に佐古尋常小学校、逆川に逆川簡易学校が置かれることになった。その後、佐古尋常小学校はいくつかの変遷を経て同42年に佐古尋常高等小学校となり、本校舎が改築された。その校舎も老朽化が進み、児童数も増加したことから、昭和10年に佐古村会で校舎改築が決議され、同12年3月、新校舎の落成祝賀会が行われた。〈香南市野市町母代寺・昭和12年〉

◀富家尋常小学校の講堂新築　明治22年に本村、兎田、中山田の各小学校が合併、兎田に校舎を新築して富家小学校となり、同29年に富家尋常小学校と改称された。昭和11年4月に新築された講堂の落成式のようすで、櫓の上からまかれる餅をめがけて人だかりができている。〈香南市野市町兎田・昭和11年〉

▶夜須尋常高等小学校の児童たち　明治5年の学制施行に伴い夜須村内に7カ所に置かれた小学校に始まる。同22年に夜須尋常小学校、30年に夜須尋常高等小学校となった。写真は夜須尋常高等小学校の児童たちという。笠や麦わら帽子を被った大人たちの姿も見えることから、農作業の実習を受けているのだろうか。〈香南市夜須町・昭和2年頃・提供＝香南市夜須公民館〉

◀香宗尋常小学校　児童数はおよそ120人。香宗村は中ノ村と土居村の合併によりできた村。合併前の両村は川を村境としていたため、一つの小学校にすると降雨の際には大人でも渡れない川を、子どもが通えなくなる、と反対の声があがったという。いつの時代も子を思う親の思いは強い。〈香南市野市町・昭和10年代〉

▲香長尋常高等小学校の木造校舎　明治26年、新改小学校と植小学校が合併、現在地に移転して香長尋常小学校となり、大正11年に高等科を併設した。右手奥に昭和2年に新築された木造二階建ての校舎が見える。左手前の建物では裁縫をしていた。〈香美市土佐山田町須江・昭和12年・提供＝三木孝重氏〉

▼教育委員会が開催された別府尋常小学校　地域の私設教授所としてスタートした同校は、明治36年に第三尋常小学校別府分教場となり、昭和5年に独立して別府尋常小学校となった。山村地域の別府小学校でもこれだけの人数が通っていた。それを支える槇山村教育委員会が開催された日の記念写真。〈現香美市物部町別府・昭和8年・提供＝上池ひろえ氏〉

▲杉尋常高等小学校　明治33年、それまでの日浦、高須、小川などの小学校が合併して杉尋常小学校が設置され、その後、杉尋常高等小学校となった。同校は昭和初期に、奉安殿に納める御真影の下賜を申請したが、当時の校地が国道の下にあったため、国道を通る人びとから御真影が見下ろされることになるからとの理由で下賜の裁可が下らなかった。そのために同校は、昭和4年、国道の上の校地に新校舎を建設して移転している。〈長岡郡大豊町杉・昭和10年代・提供＝森下蕃雄氏〉

▼製材した製品の運搬作業　泥沼化しつつあった中国大陸の前線へ送る材木を運ぶ岩原尋常小学校の児童たち。放課後の時間をあてた奉仕作業であった。製材所から続く6キロ以上の坂道を、炎天下にがんばって運んだ。前列には低学年の児童たちが並んでいる。第35回海軍記念日に撮影された写真。〈長岡郡大豊町岩原・昭和15年・提供＝下村堯基氏〉

国民学校令が施行されて

◀**山南国民学校の記念写真**　坊主頭の男子におかっぱ頭の女子児童たち。皆かしこまった顔で写真に収まっている。同校は戦後、新学制のもと山南小学校となったが、昭和49年に香我美小学校に統合されて閉校となった。〈香南市香我美町下分・昭和18年・提供＝門脇美香氏〉

▲**佐古村国民学校の体操風景**　全校生徒の運動場での体操風景である。鉢巻に白い体操服にブルマー姿の女子児童が並ぶ。戦時体制下の小学校、国民学校と名前も改められている。校庭には御真影（天皇皇后の写真）と教育勅語を保管する奉安殿と国旗掲揚台もある。いよいよ戦争突入せまる時期である。〈香南市野市町父養寺・昭和16年頃・提供＝横田富夫氏〉

◀佐古村国民学校児童の「みそぎ行」　初等科6年生の「みそぎの行」風景である。男女とも全員上半身裸、号令に従ってタオルで身体をこする。身体は赤く暖かくもなる。お国のために役立つ健康な身体作りの一環である。「少年よ大志を抱け」の習字の掲示も見逃せない。〈香南市野市町父養寺・昭和18年頃・提供＝横田富夫氏〉

▲我ら少国民　「□□報国隊父養寺」の幟を持った佐古国民学校の児童たち。戦争は日に日に激化する一方で、戦時体制は強化されて一億火の玉となり、国民学校の児童たちに対しても報国隊として国のために尽くべく教育は進められた。食糧増産の勤労奉仕の休憩のひと時の写真であろう。素足の児童もいる。それぞれの足元に緊迫した世相が現れている。〈香南市野市町父養寺・昭和17頃・提供＝横田富夫氏〉

▲校舎下の広場で収穫した野菜を並べて　戦火はますます厳しく、そのしわ寄せは国民生活に大きく影響してきた。食糧増産と耐乏生活は強要され、少しの畑地も見逃さず作物を作らされた。児童たちも作物栽培に力を注いだ。服装もばらばら、こんなに幼い低学年の児童たちにまで戦争は厳しい現実を突きつけていた。〈香南市野市町父養寺・昭和18年頃・提供＝横田富夫氏〉

▶富家国民学校の卒業記念写真　大忍《おおさと》村は、昭和17年に山南村、徳王子村、富家村、香宗村が合併して発足した。敗戦5カ月前の撮影で、前列の女子はもんぺに下駄履き、後列の男子は坊主頭に国民服姿。皆口を一文字に結んで笑顔は無い。〈香南市野市町兎田・昭和20年〉

▲野市町青年学校の生徒たちが薪割り　昭和16年、それまでの野市町実業青年学校が野市町青年学校と改称された。これは同14年の教育令改訂を受けて、勤労青少年に小学校卒業後7年の教育を義務づけたものであったが、太平洋戦争が始まると勉学の時間は短縮され、勤労奉仕や軍事教練などが中心となっていった。石油燃料も逼迫しており、燃料確保のための薪割りも大事な仕事だった。〈香南市野市町・昭和16年〉

◀女子生徒が牛を使って田畑を耕す調練　日中戦争の終結が見えず、戦況が泥沼化してくると、男手を兵隊に取られた農村では、農作業の担い手は女性と年配者しかいなくなった。写真は女性を対象とした牛耕講習会のようすで、中には女生徒の姿も見受けられる。〈香南市野市町・昭和16年〉

▼山田高等女学校で竹槍の訓練　山田高等女学校は昭和16年2月に設立されたが、その年12月に太平洋戦争が勃発。本土決戦が叫ばれる中、女学校でもモンペ姿で竹やり訓練が開始された。また食糧増産のために校庭ではサツマイモなどが栽培された。〈香美市土佐山田町旭町・昭和16年頃・提供＝野村征子氏〉

▶山田町立国民学校の集合写真　「高一女」とあるから、高等科の女子児童たちの集合写真だが、この年頃に見られるはずの明るい顔はひとつもない。昭和16年に国民学校となって以降、学校においても勤労奉仕や供出作業などを行う割合が多くなってきた頃だろう。〈香美市土佐山田町・昭和10年代後半・提供＝野村征子氏〉

▲美良布第一国民学校の卒業記念写真　今からは想像できないほど児童が多かった。昭和22年に美良布小学校に改称。その後、町内の小学校を統合して大宮小学校となり、さらに平成14年に猪野々小学校と谷相小学校を統合し、町内唯一の小学校となった。〈香美市香北町美良布・昭和17年頃・提供＝大石綏子氏〉

▼美良布第一国民学校の初等科２年男子　全国の尋常小学校が国民学校と改称されたのは昭和16年。その年の12月には太平洋戦争が始まる。児童たちの背後には台座に「七生報国」と刻まれた、楠木正成の銅像が見える。〈香美市香北町美良布・昭和10年代後半・提供＝後藤孝志氏〉

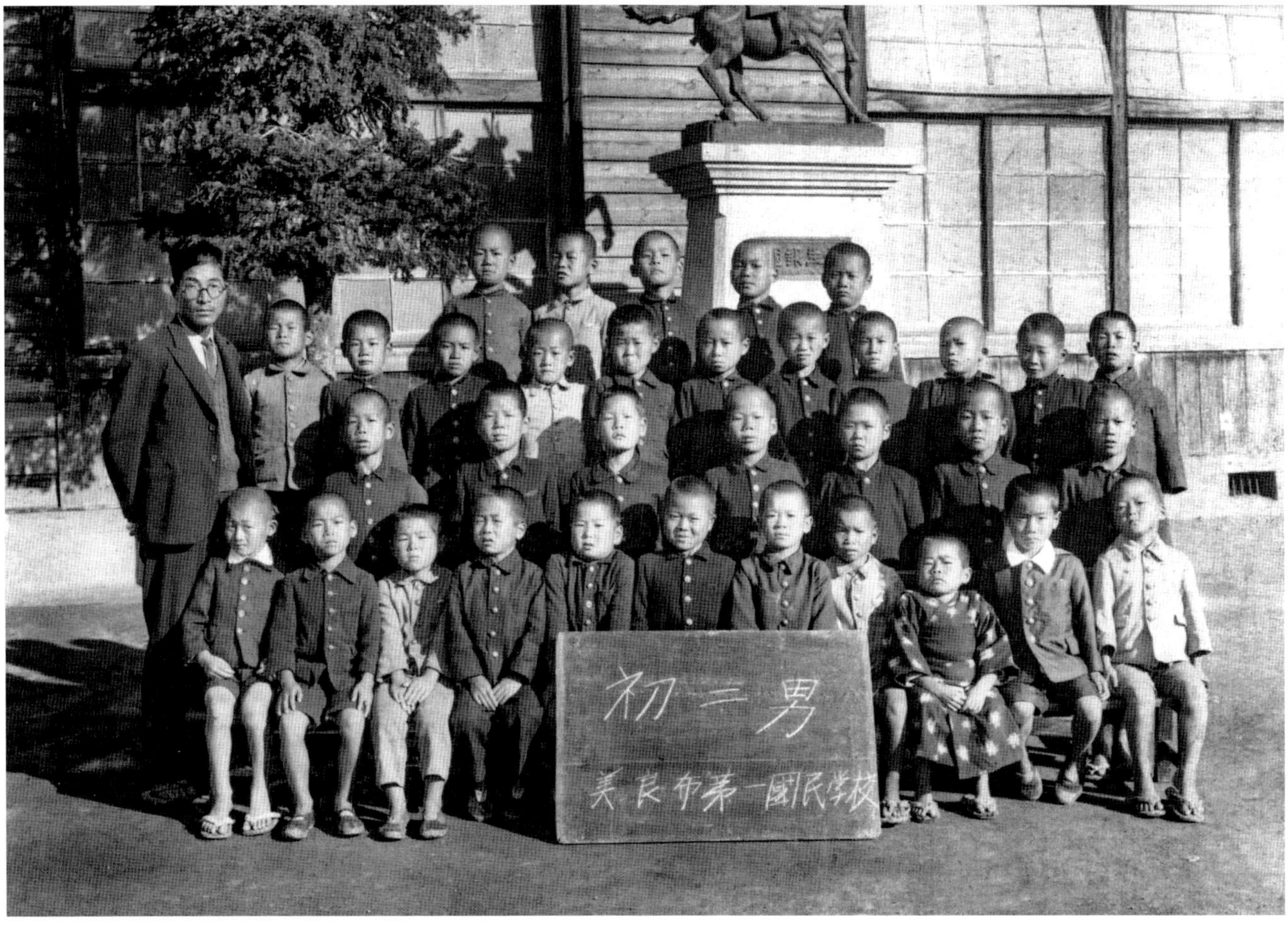

4 戦時下の暮らし

昭和六年、中国東北部で、日本軍が鉄道を爆破したことを皮切りに、「満州事変」が始まった。これが、その六年後に始まる日中戦争に至る分岐点となったことは、周知の事実である。

こうした国際社会における日本の暴走は、内政における軍部の台頭と密接に関わっていた。同七年の青年将校による首相暗殺事件（五・一五事件）をきっかけに、政党政治は終わりを告げ、以後、日本の軍国主義は、国内外で猛威を振るうこととなる。

だが、歴史とは時に残酷なもので、多くの国民はこの潮流を歓迎した。昭和初期から始まった不況にあえぐ人びとは、いつしか対外侵略という方法論に期待を寄せたのである。国外の都市が陥落すれば、そのたびにメディアと世論は歓喜した。

しかし、戦争が長引いても、国民の暮らしは良くはならなかった。昭和十六年からアジア・太平洋戦争が始まると、その困窮はますます顕著なものとなっていく。国は、「ぜいたくは敵だ！」などの戦時標語で人びとを鼓舞するも、もはや精神論でどうにかなるレベルではなかった。

昭和十九年からは本土空襲が始まり、子どもたちは疎開を余儀なくされた。米軍の爆撃機は、高知県内の各所も焼き、長岡郡の後免町や新改村（現南国市）、香美郡の佐岡村（現香美市）、野市町上岡（現香南市）などでも、その被害が記録されている。戦局が悪化すると、軍は本土決戦を想定し、航空基地があった現在の南国市を中心に、多くのトーチカ（防衛陣地）を建設した。

そして、昭和二十年八月十五日、物資も人材も底をついた日本は、戦争に負けた。本書で紹介する地域からは、日中戦争以降、七、〇五九人の戦没者が確認されている（「高知新聞」二〇一五年八月十五日付より）。全国主要都市は空襲で焼け、人びとの窮乏に追い打ちをかけた。この終戦直後の貧困は、日本国民を戦時下と同様に、時にはそれ以上に苦しめた。

本章では、戦時下の人びとの暮らしを記録した写真を、いくつか紹介する。国政の誤りを反映したようなものもあれば、暗黒時代の中にも希望を感じるショットもあるかもしれない。一人一人の思いで、見ていただければと思う。

（森本琢磨）

▲浦安の舞　美良布・韮生野地区の産土《うぶすな》神・大川上美良布神社の秋季神祭のおなばれで、神楽舞の浦安の舞が奉納された。浦安の舞は、昭和15年の皇紀二千六百年奉祝会に合わせて全国の神社で奉納するために作られた神楽舞で、上代の手振りを偲ぶ典雅な舞。現在も秋季神祭で奉納されている。〈香美市香北町韮生野・昭和16年・提供＝大石綏子氏〉

◀出征前の記念写真　左端の男性がフィリピン出征を前に、親戚一同と撮った一枚。出征を前に陸軍の山砲隊隊長に任じられたため、サーベルを腰に、胸を張って写っている。〈南国市立田・昭和17年頃・提供＝秦泉寺真行氏〉

▶大日本国防婦人会の慰問袋づくり　大日本国防婦人会が結成されたのは昭和7年であった。白布に「大日本国防婦人会」と書いたたすきを掛け、愛国婦人会などの婦人団体とともに出征兵士の送迎や、英霊の出迎え、慰問袋の作成などを行い、国民総動員の戦時体制のなかで、銃後の守りを固める役割を担わされていった。〈南国市立田・昭和10年・提供＝南国市〉

◀大日本国防婦人会による勤奉仕団　昭和6年の満州事変、翌年の上海事変と立て続けに起こった武力衝突は、同12年に日中戦争へと拡大した。翌13年には国家総動員法が制定され、国防婦人会の活動も総動員態勢に組み込まれていった。〈南国市・昭和14年・提供＝南国市〉

▲日清・日露戦争復員者の記念写真　久礼田村からも日清・日露戦争に多くの青年が出征し、戦死した者も多かった。明治43年、久礼田熊野神社埒前の忠魂社の側に建立された表忠碑には48人の出征者名が記され、そのうち18人が戦死している。現在は久礼田忠霊塔の敷地内に移されている。日清、日露戦争の復員者たちが昭和に入ってから集まり、碑の前で記念撮影した。〈南国市久礼田・昭和10年頃・提供＝澤村茂氏〉

▶出征軍人の留守家族　日中戦争に出征した兵士全員へ送る慰問袋に入れるために留守家族一同が地区の集落、裏山を背景に並んで記念撮影した。撮影は後免町の高田写真館が行った。戦地で受け取った兵士たちは故郷を懐かしく想い、この写真を大切にして復員の時に持ち帰ったという。〈南国市植田・昭和12年・提供＝橋詰栄喜氏〉

◀共有山へ桧を植樹記念　皇紀二千六百年記念事業で、共有山に総出で桧の植林をした時の記念写真。桧は、将来の非常時出費への備えとした。この山は古くは高知南宗深尾氏領地時代の入会山として知られ、現在はパシフィックゴルフクラブに貸与されている。〈南国市才谷・昭和15年・提供＝澤村茂氏〉

▲長岡高等小学校での国防婦人会の運動会　高等小学校とは、尋常小学校6年を卒業した者が進学できる2年制の学校のこと。小学校の校庭での運動会に参加するにも白襷にもんぺ姿の国婦会員たち。〈南国市下末松・昭和15年・提供＝南国市〉

▲第一回三島村婦人畜力利用伝習会　畜力とは、牛、馬など耕具を引かせる家畜労働力のこと。当時、代掻き、田起こしなどは畜力に頼って行われていた。農家の働き手が兵隊にとられていなくなると、女性が中心となって行う必要があった。農村各地ではこのような畜力伝習会と称した女性の家畜使用訓練が行われるようになった。〈南国市・昭和 18 年・提供＝南国市〉

▼勤労奉仕作業　昭和 16 年 12 月 8 日未明、日本はハワイ真珠湾でアメリカに奇襲攻撃をかけ、太平洋戦争を始めた。その翌年に行われた久礼田婦人会の勤労奉仕。この年には、それまでそれぞれに活動していた愛国婦人会、大日本連合婦人会、大日本国防婦人会の 3 団体が統合されて大日本婦人会が結成され、すべての女性たちを政府の命令により、総動員する体制が整えられた。〈南国市久礼田・昭和 17 年・提供＝南国市〉

▲長岡地区の忠霊塔の建立　昭和16年、太平洋戦争の開戦以降、戦争で命を失う若者たちが多くなり、慰霊のため、各町村に「忠霊塔」、あるいは「忠魂碑」が建てられた。長岡地区では当時の村長を委員長とする建設委員会を立ち上げて忠霊塔の建立が行われた。〈南国市東崎・昭和18年・提供＝南国市〉

▼完成した長岡地区の忠霊塔　多くの人たちの勤労奉仕によって完成した忠霊塔。慰霊祭には多くの参列者が見られた。戦後も地区の遺族会によって維持管理され、昭和28年には戦没者名を記した石碑を設置、同58年には改築されている。〈南国市東崎・昭和18年・提供＝南国市〉

◀海津見神社に集まった婦人会
海津見神社は夜須川地区の氏神である。太平洋戦争の戦勝祈願後の記念撮影であろうか。割烹着に白襷の大日本国防婦人会の会員の中に、黒い襷に白い文字の愛国婦人会の会員もいるようだ。〈香南市夜須町夜須川・昭和16年・提供＝近藤輝也氏〉

▲銃後の若人たち　前列左端の学生服姿の青年が支える板には「香長青年学校」の文字が見える。昭和17年は山田町、明治村、大楠植村、佐岡村、片地村、新改村による組合立の青年学校が設立された年である。彼らは学徒勤労隊として応召家庭で作業奉仕する一方で、小銃を手に軍事教練も行っていた。〈香美市土佐山田町・昭和17年頃・提供＝三木孝重氏〉

◀故郷の土に還る　土葬された真新しい墓には花輪が添えられ、白い布には「○○君之英霊」の文字が見える。撮影年代から日中戦争で戦死した兵士の墓だろう。〈香美市物部町別府・昭和14年・提供＝上池ひろえ氏〉

▲女性を対象に牛を使う講習訓練　大陸での日中戦争が泥沼化しつつあった頃、農村において大事な働き手である男性たちが出征していき、農作業の主力は女性たちになっていた。牛鍬や馬鍬を牛に曳かせて田起こし、代掻きをするための講習会が各地で開かれていた。〈場所不詳・昭和15年頃・提供＝本山町教育委員会〉

5 懐かしい風景や街並み

学校教育で歴史を習う際、たいていは城や宮中、あるいは国会議事堂内で繰り広げられる中央政局の動向が主体として語られる。だが、それは「歴史」の一部であって、すべてではない。将軍や総理大臣を中心とする政治史も大切だが、同時に、農民や町人、そして近現代史においては主権者となっていく国民の視点もふまえていかないと、歴史はわかったことにならないだろう。

そういう観点で考えると、私たちが住む町や村にも、「歴史」が無限大に存在する。地域という社会単位で暮らす人びとは、時に共同で災害に立ち向かい、時に経済成長の中で激しい模索や葛藤を続けてきた。

とりわけ、高知県においては、戦災で荒れ果てた末に終戦を迎え、貧困にあえいでいた昭和二十一年、南海地震によって大被害を受けるという「三重苦」に近い形で、戦後がスタートしている。この地震により、香美郡では三四四棟が、長岡郡と土佐郡では四七六棟が倒半壊し、多くの尊い命が失われた（山本大・福地惇著『高知県の百年』より）。

その後、高知県の人びとは官民一体で立ち上がり、各地域を復興させていった。戦前にはなかった文化が、家々や道路に反映され、彼らの努力は、町や村を大きく発展させた。その中には、昭和三十四年に、香美郡と長岡郡の五町村が合併して南国市になったように、自治体が行政・経済両面において一体化することで、新しい地域文化を育んでいったケースもある。そして、今日に至る激動の戦後史の中で、町も村も、目まぐるしい変遷を遂げてきた。

ここで紹介する写真の数々は、そうした人びとの営みを今に伝えてくれる貴重な記録である。年配の読者によっては懐かしさを、若い読者にとっては新鮮さを感じるかもしれない。この場所、あの場所にあったかつての風景には、その時代の社会が、何らかの形で反映されている。街並みの看板や広告、人びとの服装、商店のようすなどから、それを探してみるのもおもしろいだろう。

（森本琢磨）

▲後免町商店街　現在の小川書店の前あたりから、東方を望む。左端（北側）から4軒目の建物は四国銀行。移転後は市民図書館となったが図書館も移動し、現在は企業組合ごめんシャモ研究会の事務所となっている。〈南国市後免町・昭和30年頃・提供＝南国市〉

▲坂折山から南東を望む　後免町東部から下野田方向にかけての光景。現在の高知空港方面から太平洋までが望まれる高知平野が広がっている。左すこし上あたりのこんもりとした森は、後免野田小学校の後ろの厳島神社、右上方に香長病院、県立農事試験場が見える。現在、香長病院はJA高知病院、農事試験場は高知県農業技術センターとなり、それぞれ移転している。〈南国市・昭和29年・提供＝南国市〉

◀水流あふれる山田堰　南国市域の水田などの用水は、この山田堰から引かれている舟入川によって、ほとんどが賄われている。昭和29年は相次ぐ台風禍に悩まされた年であった。6月29日、9月13日の豪雨禍は南国市にも大きな爪あとを残した。浸水家屋、交通機関の途絶、停電、高潮による被害など続出であった。物部川の増水も山田堰も滔々と水を湛えていた。〈香美市土佐山田町山田島・昭和29年・提供＝南国市〉

▶大阪朝日新聞取次所　下末松のあたりは、四国八十八ヶ所の29番札所国分寺への石の道標がいくつかあることから、昔から「へんろ石」と呼ばれている。「文化社」の看板がかかるこの店は、新刊書籍や新聞、雑誌の取次もし、エスペラント普及会長岡支部でもあった。〈南国市下末松・昭和21年・提供＝南国市〉

◀吾岡山山頂からの眺望　昭和55年に高知空港の滑走路拡張が決定された。ちょうど滑走路の延伸方向にある吾岡山は、延伸により滑走路が近づくこととなり、山の高さを数メートル低くする必要に迫られ、同56年に工事が始まった。この写真は標高を低くする前、山頂にあったコンクリート造りのお堂から東方を望んだものである。〈南国市大そね・昭和34年頃・提供＝山本温美氏〉

▶蔵福寺　1380年（天授6年・康暦2年）、土佐の守護代細川頼益が田村城を築いた。四代勝益が文亀元年（1501）、桂昌寺（後に細勝寺）を創建。その脇坊として作られたのが、蔵福寺である。今はすぐ南に、高知龍馬空港の滑走路が伸びている。〈南国市田村・昭和29年・提供＝南国市〉

◀仁井田神社付近を俯瞰　白木谷村は明治22年、合併により上倉村となり、昭和31年に後免町他5村合併し後免町に、同34年の大合併により南国市となる。現在、人家も次第に少なくなっている。〈南国市白木谷・昭和47年頃・提供＝比與森恒利氏〉

▶白木谷小滝地区　小滝地区は昭和30年代より石灰岩の採石場として大開発された。この写真は、同地区の開発前の風景である。〈南国市白木谷・昭和24年・提供＝南国市〉

◀稲生石灰工場付近　工場の屋根も水辺の石垣も白一色で、石灰工場付近と一目でわかる光景。製造された石灰は、岸につながれている船で下田川を利用して、ここからそれぞれの地に運び出された。今日は休日であろうか、エンジン付きの小舟は、日傘姿のご婦人と2人の男性を乗せて工場地帯から出ようとしている。〈南国市稲生・昭和34年・提供＝南国市〉

▲後免町商店街　今は開いている商店も少なくなったが、昭和 30 年頃は人通りが多く賑わっていた。立田金物店の前あたりから、西方を見たところ。大きくはないがパチンコ屋もあった。〈南国市後免町・昭和 30 年・提供＝川田和氏〉

▶後免町の平和理容院　後免東町電停付近、とさでん交通後免線と後免町商店街の西北角にあった理容院。当時は木造三階建てだった。後免町は江戸時代、土佐藩の家老を勤めた野中兼山が旧稲吉村に商業地域をつくるため、入植者には土地を与えて租税を免除したことから「御免町」と呼ばれ、明治 22 年の町村制で後免町となった。〈南国市後免町・昭和 23 年・提供＝南国市〉

▲上倉村桑ノ川地区　桑ノ川村は現南国市北部の山間部に存在したが、明治22年に周辺8村が合併し、上倉村となった。昭和24年頃には藁葺きの家も見られたが、今はない。同31年に後免町に、同34年に南国市に合併された。〈南国市桑ノ川・昭和24年・提供＝比與森恒利氏〉

▶長閑なわらぐろ風景　刈り取られた稲は田んぼで一旦積まれてわらぐろとなり、写真のように並ぶ。その後、順次自宅に運び、脱穀、乾燥、籾摺りの作業がある。機械化された現代の農作業では考えられない労働の連続であった。今は見られない香長平野の田園風景である。〈南国市里改田・昭和30年・提供＝南国市〉

◀中山田古墳石室の残石で記念写真
里山へ遊山の途中と思われる。中山田古墳の残石の前で写真提供者の親類家族が記念撮影した。久礼田の中山田古墳は封土も剥がされて石組も崩れ、石室は原形を留めていなかった。副葬品の記録も残っていない。〈南国市久礼田・昭和 40 年・提供 = 澤村茂氏〉

▼中山田古墳付近　久礼田中山田の横穴式古墳は、当時すでに墳丘の封土は剥ぎ取られ、水田、畑として開墾されていた。石室の大きな天井石は、小川の石橋として再利用するため持ち出されたのか、すでに石組は破壊されていた。〈南国市久礼田・昭和 40 年・提要 = 澤村明夫氏〉

◀盛況のスーパーマーケット内部　このスーパーの跡地は、後免町中心部の都市計画道路の交差点となるため、現在も工事が続けられている。スーパーになる前を知らない人が多くなったが、以前は「日の出座」という芝居小屋であった。〈南国市後免町・昭和38年・提供＝南国市〉

▶十市パークタウン造成前の風景　左方にある石土池付近は、現在周囲に人家が建ち並び、スーパーもできて賑わっている。前方の小山付近には式内社石土神社があり、付近には神秘的な洞窟もある。〈南国市十市緑ヶ丘・昭和58年・提供＝南国市〉

◀村のよろずや　南国市北部山間地帯の奈路、中谷、上倉では、市街地へ出て生活用品を買うにも車でかなり長距離の移動が必要であった。奈路にあったこの商店は、生活に必要な雑貨なら何でも揃えており、村のよろずや的な存在であった。〈南国市奈路・昭和40年・提供＝南国市〉

▶横町商店街　右側に「連合大売出」と読めるのぼりが、左側には商品を山積みにしている店が見える。商工会に加盟している店の売り出しということだろう。当時は山間部からも大勢買い物に来ていた。軒先に商品を山積みにした店の横には薬局がある。停車中の車の横の建物は現在もそのままの姿で建っている。〈赤岡町横町・昭和55年頃・提供＝竹村暢文氏〉

▲赤岡町役場付近の街並み　右側の建物には、旧警察法によって全国の市町村に設置された自治体警察が置かれていた。昭和29年に現在の警察法が施行されて自治体警察は閉所され、残された建物には役所が入った。隣には土木事務所、その横には病院がある。商都として栄えていた赤岡には、小さい町ながら多くの出先機関や店が存在した。〈香南市赤岡町・昭和42年頃・提供＝竹村暢文氏〉

▲赤岡町本町通りの商店街　大売出しをしているのだろうか、万国旗が張り巡らされている。右側にある時計眼鏡店は店構えを変えつつも現在も営業している。中央の車の横の水切り瓦と白壁の建物は、元は菊水楼という料亭。営業していた頃は多くの男性客で賑わった。〈香南市赤岡町・昭和42年・提供＝竹村暢文氏〉

▼香宗川に設けられていた花月楼前の水車　現在の赤岡保健センターの前。木の陰に見える水車は、川の水を田に流すためのもの。この川向かいには食堂が2軒あり、若者の胃袋を満たしていた。写真に写る人物は絵金研究の第一人者であった郷土史家・近森敏夫氏。少しだけポーズをとっているのが印象的である。〈香南市赤岡町・昭和34年頃・提供＝竹村暢文氏〉

▶土佐電気鉄道安芸線の踏切付近　カメラを構える少年の背後に野市町から吉川町方面へ向かう道路にある踏切が見える。土電安芸線は昭和49年に廃線となり、その後、同61年に設立された土佐くろしお鉄道が、平成14年に阿佐線（ごめん・なはり線）を開業した。少年の左肩越しには製材所が見えていたが、現在では線路も高架化され、周辺の耕作地にも家や商業施設が建ち並び、景観は一変している。〈香南市野市町西野・昭和42年・提供＝宮﨑壽美江氏〉

◀武市橋南付近の踏切　「一時停車」の横断幕がある土佐電気鉄道安芸線の踏切には遮断機がない。現在、この路線は土佐くろしお鉄道の阿佐線（ごめん・なはり線）となっており、この付近も高架化されている。〈香南市野市町西野・昭和30年代〉

▶物部川に遊ぶ　対岸には「上岡の平松」と呼ばれた松の大木が見える。樹齢約1000年ともいわれ、幹の周囲約10メートル、根本付近で5本に分かれた幹が上方でさらに約10本に分かれた見事な老松で、県の天然記念物に指定されていたが、マツクイムシの被害に遭い、昭和49年に伐採された。〈香南市野市町上岡・昭和36年頃・提供＝別役秀氏〉

◀東町と石家の境界付近　烏川付近の街角のひとコマ。野市東町と石家の地名も今ではバス停の名前として残るのみとなった。この頃までは、放し飼いの犬や野良犬の姿をよく見かけた。〈香南市野市町東野・昭和 46 年〉

▶兄弟橋付近の風景　兄弟橋は、野々宮神社付近を流れる用水路の町溝に架かる兄橋（写真奥）と、東野溝に架かる弟橋（手前）という 2 本の橋の総称。これらの用水路は正保元年（1644）に野中兼山の水利事業によって設置された三叉堰で分水され、この地を潤してきた。〈香南市野市町西野・昭和 48 年〉

◀上岡にあった水車小屋　物部川から引いた水の流れを利用して、水車をまわし製粉でもしていたのだろうか。当時は水車小屋があったようである。水の流れと水車が回る音が聞こえている長閑な光景。〈香南市野市町上岡・昭和 38 年〉

▶新宮付近を行くお遍路さん　この時代は、家や商店の前でお経を唱えて門付けしながら回るお遍路さんの姿が見られた。右に見える石の灯明台は、県道232号に面した畑地の角に立つ姿を今も見ることができる。〈香南市野市町新宮・昭和32年〉

◀旧丸米旅館前の光景　現在も県道22号沿いで営業を続けている丸米旅館。約2キロ北には四国八十八ヶ所霊場第28番札所大日寺があり、四国遍路の宿として利用する人も多い。〈香南市野市町西野・昭和30年頃〉

▲**武市橋付近の野市町商店街**　野市町商店街を武市橋の交差点付近から東に望む。左手には昭和29年に新築移転した野市郵便局の局舎が見える。武市橋は野市百人衆の１人、武市藤右衛門が住んでいたことから地名となった。野市百人衆とは、土佐藩の執政・野中兼山が郷士に取り立てて野市の開拓にあたらせた、長宗我部氏の遺臣たちの総称。〈香南市野市町西野・昭和30年代〉

◀**野市町商店街を西に望む**　「龍河洞探勝口」と書かれた看板上の矢印が右側を指していることから、県道22号と野市町商店街の交差点付近と思われる。龍河洞は昭和６年に天下の奇勝として紹介されると、地元では観光資源として活用するために保勝会を設立、天然記念物指定の働きかけ（同９年指定）や、県道の整備やバス路線の整備などが行われた。〈香南市野市町西野・昭和40年〉

▲野市町商店街を行く自衛隊　昭和28年、自衛隊善通寺部隊の宿営を野市町が承認して以来、毎年の恒例と行事となった。現在、商店街左側の家並みはすっかり建て替わり、奥に見える郵便局は同55年に現在地へ移転、跡地は駐車場となって、その片隅に立つ丸ポストにその気配が残るのみ。陸上自衛隊が香我美町岸本に駐屯を開始したのは同37年のことである。〈香南市野市町西野・昭和32年〉

▼畑の中に建っていた結婚式場兼山庄　現在のネッツトヨタ南国を少し南に行ったあたりの住宅から、当時建て替えられたばかりの兼山庄方面を写している。兼山庄は、レストランや宴会場を備え、結婚式のほか同窓会などにも利用された施設。平成に入って兼山庄は倒産し、現在跡地にはDCMダイキ野市店が建てられている。〈香南市野市町西野・昭和61年・提供＝宮﨑壽美江氏〉

◀寿司店と弁当店が並ぶ街角 現在の香南市役所から南に向かう県道22号と野市町商店街の東西の道の交差点の南西角にあたる。当時、この持ち帰り寿司店は人気を集め、駐車場待ちの渋滞が起きるほどだったという。現在この場所は居酒屋になっている。〈香南市野市町西野・昭和62年頃・提供＝宮崎壽美江氏〉

▶手結海洋館オープン 観光資源に恵まれた手結住吉地区を開発整備するため、昭和24年に手結住吉保勝協会が開設された。保勝協会では、海水浴場に隣接した遊園地や、休憩所、脱衣所、シャワー室などの整備をするとともに、同28年に児童のための野外宿泊訓練施設として海浜学校を設置した。この海洋館もそれに合わせて開館したものだろう。〈香南市夜須町手結・昭和28年〉

▶正月に第二さくら館前にて　当時、夜須町にあった映画館・第二さくら館。看板に見える「鶴八鶴次郎」は、昭和10年の第1回直木賞を受賞した川口松太郎の小説を成瀬巳喜男が監督で同13年に映画化し、さらに戦後31年に大曽根辰保監督によって再映画化されたもの。高田浩吉、淡島千景などが出演していた。〈香南市夜須町・昭和31年頃・提供＝香南市夜須公民館〉

◀西町商店街　瓦屋根の日本家屋が続く商店街。米屋、魚屋、八百屋に歯医者、なんでも揃う便利な商店街であった。写真の中央にあるのは、日本家屋の通りに面した正面にコンクリートの壁面が付いた八百屋の建物。山田の商店街には、こうして横から見ると不思議な雰囲気の看板建築方式の建物があり、今でも数件、姿を留めている。〈香美市土佐山田町西本町・昭和30年代・提供＝武内節子氏〉

▲山田保健所　保健所は現在の香美市商工会館の場所にあり、健康相談や保健指導が行われていた。今はプラザ八王子や医療機関で行われている乳幼児検診も、ここで実施されていた。現在の中央東保健所は舟入小学校の北側にある。〈香美市土佐山田町宝町・昭和 28 年頃・提供 = 香美市〉

▶秦病院の正面玄関　当時から入院設備も整えられていた内科医院。血圧を下げる効果が期待できると、柿の葉茶の作り方を丁寧に指導するなど、患者の間でも評判が良かった。昭和 29 年に香長中央病院となっている。〈香美市土佐山田町西本町・昭和 28 年頃・提供 = 香美市〉

▶山田農業協同組合　土佐山田町西本町２丁目にあった木造二階建ての農協。当時は、小玉スイカやキュウリなどの農作物が木箱に詰められ貨車で東京へ出荷されていた。昭和38年に町内６農協が合併して土佐山田町農業協同組合が発足。同49年には百石町に農協会館が新築された。〈香美市土佐山田町西本町・昭和28年頃・提供＝香美市〉

◀東洋館　旧山田町には、山田東映、モラル劇場、東洋館と映画館が３館あった。当時、山田高校では学生だけで映画を観ることが禁止されていたが、年に一度、全校生徒が映画館に行き映画鑑賞をする「総見」という学校行事があった。〈香美市土佐山田町東本町・昭和28年頃・提供＝香美市〉

▲山田の日曜市の創成期　昭和44年に始まった土佐山田町の日曜市の開設2周年記念の風景である。右に見える建物は今も現役の四国銀行山田支店で、その東側の道幅わずか4メートル足らずの道路の両側に所狭しと市が立ち並んでいた。「祝」のゲートや万国旗も手作り感満載で、東南アジアの夜市のようなエネルギーに満ち溢れている。この後訪れる客の増加に伴って手狭になり、日曜市の開催場所を移すことになる。〈香美市土佐山田町東本町・昭和45年・提供＝香美市〉

▶山田警察署の火の見やぐらから街並みを望む 真ん中の大きな通りは今のえびす街の商店街。当時は、山田小学校の西あたりにあった警察署から、西本町、栄町方面を写している。〈香美市土佐山田町西本町・昭和30年代・提供＝香美市〉

▲種馬所　写真中央から上に写っている大きい建物のあたりが、現在の県立鏡野公園で、その向こうには満開の桜並木が広がっている。今では日本さくら名所100選にも選ばれ市民にも親しまれているこの場所には、昭和10年、四国種馬所として馬の品種改良の研究施設が開設された。その後同21年に高知種畜牧場となり、同45年まで研究が続けられた。平成9年には写真左の方に高知工科大学が開学されて風景は一変したが、桜並木だけは健在である。地元では「鏡野公園」よりも「しゅばしょ」と呼ばれている。中央よりやや下には片地《かたじ》小学校の旧木造校舎が見える。〈香美市土佐山田町片地・昭和48年頃・提供＝香美市〉

▲商店の屋根が並ぶ　瓦葺の木造建築が連なる商店街を東に向かって撮っている。この頃から昭和40年代にかけて、進出する大型店舗などへの対応策として、店舗の改装などが進み、その姿を変えていった。〈香美市土佐山田町・昭和30年代・提供＝香美市〉

▼今は無き片地《かたじ》製糸工場　明治34年に香美郡片地村で創業した片地製糸工場の煙突を中心に、土佐山田町談義所側の雪ヶ峰から見下ろす。土佐山田は高知県の近代養蚕発祥の地とされ、昭和40年頃、雪ヶ峰の西に県の養蚕試験場が作られて、山も桑畑の実験場になっていた。現在、工場跡は県営住宅団地になっている。〈香美市土佐山田町片地・昭和43年頃・提供＝尾田安広氏〉

▲神祭の日の香我美橋　川端にせり出して建てられた家や商店などの象徴的な景観を背景に、物部川に架かる香我美橋。八王子宮神祭の踊りのために通行規制が行われているため、橋の上にはトラックが連なっている。富士自転車の看板も印象的。橋は昭和47年に掛け替えられ、現在に至る。〈香美市土佐山田町楠目・昭和35年・提供＝小笠原由美氏〉

▶神祭の踊りの行列を待つ
夏の八王子宮神祭では、商店街の人びとが道に水を撒き、涼風で踊り子をねぎらった。日除けのオーニングテントがある商店の軒先では、近所に住む女性たちが前掛けエプロン姿で行列を待った。〈香美市土佐山田町西本町・昭和55年・提供＝久保田晴子氏〉

▲藁原神社の鳥居前で　香長小学校の児童が記念撮影しているのは、香長小学校の東側道路から東へ入った所にある農地の中の鎮守の森、藁原神社の鳥居の前。昭和25年の同校全校児童数は250人ほどで、1クラスは40人前後であった。〈香美市土佐山田町須江・昭和25年頃・提供＝三木孝重氏〉

▶八王子宮の参道　八王子宮の参道は、今では老木も増えたが、昔から桜の名所として知られている。3月末から4月初旬にはボンボリが灯り、夜桜を楽しむ桜まつりも開催されている。〈香美市土佐山田町北本町・昭和35年頃・提供＝小笠原由美氏〉

▶土佐山田の火葬場　八王子宮の山に登ると、桜並木がとてもきれいに見えた。広い土佐山田の町も、この時代高い建物などなかった。その景色の中央に屹立する１本の煙筒。今ではもう姿のない、火葬場の煙筒である。〈香美市土佐山田町・昭和38年・提供＝武内節子氏〉

◀物部川の河原　山田高校に入学した年。写真の高校生は、学校から帰る時の寄り道先として、家と逆方向の物部川の河原をよく選んだという。下流でもゴロゴロと転がっている石が痛かったが、遊ぶ時は裸足であった。現在と比べ、驚くほど水量の少ない時代であった。〈香美市土佐山田町楠目・昭和37年・提供＝武内節子氏〉

▶日ノ御子橋から暁《ぎょう》美《み》橋《ばし》付近　昭和34年に土佐山田町の杉田ダムが完成すると、それまで川底が透き通って見えていた物部川が、緑色のダム湖に変わり、水位も上がった。それでも暁美橋に流れ込む日ノ御子川はキラキラ光っていて、岩淵には大きな川魚の影がたくさんあった。〈香美市香北町美良布・昭和34年・提供＝前田正也氏〉

▲暁美橋　物部川に架かり、美良布と河口（西峯）を結ぶ暁美橋（左）と、西峯と日ノ御子を結ぶ日ノ御子橋（右）。現在の赤いアーチが目を惹く暁美橋は昭和48年に架けられたもので、写真の暁美橋は、橋桁を残すのみになっている。〈香美市香北町西峯・昭和22年頃・提供＝大石綏子氏〉

▲美良布の市街地　市街地の南の山（現在の香北の自然公園）からの眺め。撮影時期から約70年の間に、国道195号バイパスの開通、アンパンマンミュージアムの開館、旧香北町役場庁舎の建設などがあり、景観は様変わりしている。周囲の山の形のみが変わらずに、当時の風景を留めている。〈香美市香北町韮生野・昭和22年頃・提供＝大石綏子氏〉

▲**河口《こうぐち》集落**　石垣を築いて住宅を建てている。昭和34年に杉田ダムが建設される際、多くが転居し、平成30年5月現在、この集落には1戸しか残っていない。〈香美市香北町西峯・昭和33年頃・提供＝毛利紘一氏〉

▶**日ノ御子の旧景**　物部川南岸より北岸の日ノ御子地区を望む。杉田ダムの建設によって、水位が数メートル上がった。現在は北岸も整備され、地域民の足として町営バスが走っている。平成30年5月現在の戸数は54戸。〈香美市香北町日ノ御子・昭和33年頃・提供＝毛利紘一氏〉

▲高勢屋旅館　当時この地域には、宿泊や食事をする施設がなかったため、本山町役場の要請を受けて開業した旅館。富山の置き薬の配置員や高知市の販売会社の外交員、本山町から北へ十数キロはなれた大川村の村民が高知市へ行くときなどは、当時の交通機関では日帰りが厳しく、ここで一泊した。また、地域の人たちの祝い事の宴会などにも利用された。現在の県道263号沿いにあった。〈長岡郡本山町吉野・昭和31年頃・提供＝大石悦子氏〉

◀旧本山警察署前の本町通り　本山町の市街地にあった頃の旧本山警察署から、東に向けて本町通りの商店街を望んでいる。当時、この通りを含めて市街地には商店が立ち並び賑やかで、県交通のバスも通っていた。現在警察署は移転し、商店も少ないが町並みは変わらない。〈長岡郡本山町本山・昭和37年・提供＝池香代子氏〉

▶本山小学校前にあった中央公民館　記録では町内の公民館は昭和26年に設置されている。昭和36年に本山中央公民館が旧図書館跡に新築されたが、同45年の台風で倒壊。同47年に本山中央公民館として整備されている。〈長岡郡本山町本山・昭和30年代・提供＝本山町教育委員会〉

▼粟生集落の民家　山岳地帯にある大豊は傾斜地が多い。家を建てるには、山腹を切り開き土留めの役割を果たす石垣を築く必要があった。写真の民家の屋号はカジヤである。〈長岡郡大豊町粟生・昭和30年代後半・提供＝豊永郷民俗資料館〉

▲筏木集落から吉野川を望む　写真中央を流れる吉野川をはさんで左が大久保集落、右が岩倉集落である。左下には大岩吊り橋が見える。昭和49年には新たな大岩橋が完成している。〈長岡郡大豊町岩原・昭和30年代・提供＝豊永郷民俗資料館〉

▶岩原集落　現大豊町内の一番北に位置する岩原集落の棚田風景。写真右に国道32号が見える。〈長岡郡大豊町岩原・昭和30年代・提供＝豊永郷民俗資料館〉

▲佐賀山集落全景　牛飼野からみた風景である。山の斜面に沿って階段状に棚田が広がる。〈長岡郡大豊町・昭和 30 年代・提供 = 豊永郷民俗資料館〉

▼土佐村の新しい幹線道路の整備　長い間行政の懸案事項であった道路網の充実も、早明浦ダムの建設を契機に飛躍的に前進した。写真は建設中の新しい幹線道路、土佐町東境から宮古野を見た風景である。田井から宮古野、上の土居に通じるバイパスも自動車の普及に呼応して、幅員も二車線中心に進められた。土佐町中心部から高知市への最短路線も、四国山地の中央を縦断する主要路線も完備した。〈土佐郡土佐町・昭和 42 年・提供 = 土佐町〉

フォトコラム

ふるさとの出来事散見
～永瀬ダムから早明浦ダムへ～

昭和三十一年、「もはや戦後ではない」と経済白書に記された。高知でもテレビ、洗濯機、冷蔵庫が売れる時代となった。

同年六月六日、物部川流域の香美郡在所村（現香美市）に、当時県内最大の永瀬ダムが完成する。一直線の橋脚は日本屈指の幾何学的美しさと評されたが、物部の渓谷美は姿を変えた。

昭和三十二年三月、「大和」の機名を機首に輝かせ、ダグラスDC3型が高知空港に着陸した。極東航空の三二人乗り、高知～大阪便のお目見えであった。同三十三年にはマイクロウェーブが完成し、送られてくる試験映像の鮮明なテレビ画面に新しい時代を感じた。この年の十二月、NHK高知放送局がテレビ放送を開始、記念に歌ったペギー葉山の「南国土佐を後にして」は大ヒット、高知県を活気付け南国高知総合大博覧会も多くの人を呼んだ。

昭和三十九年八月には、日本国内航空が高知～徳島～東京間の運航を開始し、高知高校は全国高校野球大会で優勝、十月には東京オリンピックが開催された。日本の経済は上向き「神武景気」だ「岩戸景気」だと騒がれた。三種の神器と称された電化製品も大流行。同四十年には、「いざなぎ景気」に突入、世界第二位のGNP大国となり「昭和元禄」の語も生まれた。しかし繁栄の裏には「公害問題」や「交通戦争」という深刻な新語を生むような事態も伴っていた。

昭和三十六年九月の台風一八号は、瞬間最大風速八四・五メートル、第二室戸台風といわれ、県の東部に甚大な被害を残した。同四十七年七月五日の土佐山田町繁藤の山崩れは、高知県災害史上例を見ない惨事となった。行方不明の消防団員の捜索中に発生した二度目の大崩壊は、国道沿いの民家や繁藤駅停車中の機関車や客車二両も巻き込み、六〇人の犠牲者を出した。

昭和四十八年十一月、二九八億円の巨費を投じた「四国の水がめ」早明浦ダムが完成した。調査開始から一〇年、西日本最大の規模を誇るとされるこのダムの完成を、金丸信建設相や四国四県の知事も祝った。この年、龍河洞スカイラインや横波黒潮ラインも完工するが、世は第一次石油ショックのため、広告ネオンは消え、ガソリンスタンドは休業。トイレットペーパーの買い占め騒動まで起きた年でもあった。

（宅間一之）

◀**天皇・皇后両陛下が大篠保育園を訪問**　神様である天皇（現人神《あらひとがみ》）に命を捧げる聖戦としての太平洋戦争は、昭和20年8月15日の無条件降伏によって終戦を迎えた。同21年に天皇は人間宣言をし、同年から同29年にかけて全国を巡幸した。写真は昭和25年3月21日から25日にかけて行われた高知県巡幸の際、立ち寄られた大篠保育園で園児たちの歓迎を受ける天皇・皇后。〈南国市大そね・昭和25年・提供＝三木孝重氏〉

▲大篠警察署の前で記念撮影　昭和22年、戦前の警察組織を見なおして民主的な警察をつくる目的で、警察法が施行され、全国の市町村に自治体警察が設置された。大篠警察署の文字の下に英語表記が見えるこの写真もそんな時代の一枚だろう。こうしてスタートした戦後の警察だったが、小さい町村にとっては経費が負担となるなど、諸問題が重なり、同29年に新しい警察法が施行されて現在の形へと再編された。〈南国市大そね・昭和20年頃・提供＝安丸成功氏〉

▼佐古村消防団が新車と記念撮影　昭和22年の消防団令、翌23年の消防組織法によって戦前の警防団が消防団へと変わり、現在の自治体に所属する消防団へと改編された。佐古村消防団員が囲んでいるのは同26年8月に購入したばかりの三輪消防車、愛知機械工業が同年に発売開始したヂャイアントAA-8型である。〈香南市野市町母代寺・昭和26年〉

◀戸板島橋の渡り初め　それまでの戸板島橋は大水の度に流失するため、徒歩で渡ることができる仮橋が架けられており、物部川を渡るには渡船に頼らなければならなかった。昭和18年には戸板島橋架橋期成同盟会が結成されたものの敗戦をむかえ、運動は一時中断していた。戦後、再び県などへ働きかけを続けた結果、昭和24年7月7日に念願叶って竣工の日を迎えた。地域住民、関係者一同が渡り初めを行うなか、河原にも架橋を祝う大勢の人びとが詰めかけている。〈香南市野市町西佐古・昭和24年〉

▶戸板島橋落成　戸板島橋ができるまでは、現在の橋の少し南に渡しがあった。文化二年（1805）の記録には渡賃は五文とある。香美市土佐山田町から香南市野市町への重要なアクセスポイントだったことから、橋の完成は両町の悲願のものであったと思われる。橋の上から落成を祝って餅投げをしているようだ。河原に詰めかけた人の多さからも、いかに待ち望まれた橋だったかがうかがえる。〈香美市土佐山田町戸板島・昭和24年・提供＝香美市〉

▶昭和天皇巡幸をお迎えした役場の人びと　夜須町では3月24日、手結海岸を奉迎場として天皇巡幸を迎えた。奉迎場までの道には玉砂利が敷かれ、町境と手結遊園地の入口には奉迎門が設置された。写真はその奉迎門の前で記念撮影する当時の役場職員。〈香南市夜須町千切・昭和25年・提供＝香南市夜須町公民館〉

▲梅雨を前に豪雨で浸水　へんろ石付近を東西に流れる川は、江戸時代初期に野中兼山によって土佐山田町神母ノ木に造られた山田堰から引かれたもの。本格的な梅雨を前に集中豪雨によって水が溢れた。〈南国市下末松・昭和25年・提供＝南国市〉

▲旧本山町の成人式　成人の日の記念撮影で、写真には昭和30年1月15日の日付が見える。同年4月に本山町と吉野村が合併して新本山町が発足する直前の、旧本山町での最後の成人式の記念写真。現在、本山町では成人式は1月3日に開催されている。成人者の数は少なくなっている。〈長岡郡本山町本山・昭和30年・提供＝本山町教育委員会〉

▼第１回十市村田植え競技会　あぜ道いっぱいの近所の人たちの熱烈な声援を背に、ゴール寸前であろうか。この頃、各地で田植え競技会が開かれ、速さと正確さが競われた。〈南国市十市・昭和31年・提供＝南国市〉

◀第５回町内マラソン大会　12月に行われた第5回町内マラソン大会でのひとコマ。『野市町史』にマラソン大会の記載はないが、昭和32年に県の社会体育モデル地区に指定されたことを契機に、住民の意識が高まり、県下でも有数の社会体育が充実した町となったと記されている。〈香南市野市町・昭和34年〉

▶嶺北文化服装学院のファッションショー　田井公民館で嶺北文化服装学院のファッションショーが行われた。おもいおもいのデザインで仕上げた自慢の作品に身を包んだ晴れ舞台であったろう。拍手と興奮の中でご贔屓様から頂いた花束を手に、出演者全員が舞台上に勢揃いして最後の御挨拶の場面である。〈土佐郡土佐町田井・昭和34年・提供＝大石悦子氏〉

◀佐野常吉翁頌徳碑の除幕式　溝渕増巳知事を迎えて行われた除幕式での記念写真。佐野常吉は黄綬褒章を受けた蚕業功労者で、明治20年代に桑の萎縮病が全国で流行した際には強い品種をつくり、その品種は日本のみならずアジアにも輸出されたという。昭和31年に83歳で逝去すると同35年に蚕業関係者、有志によって頌徳碑が建てられた。〈香南市野市町東野・昭和35年・提供＝別役秀氏〉

▲電車通りを走る聖火ランナー　この年、第18回オリンピック競技大会が東京で開催された。オリンピック発祥の地ギリシャから日本に到着した聖火は各都道府県をリレーし、9月14日に愛媛県境を越えて高知県に入った。翌15日、高知市に到着。16日の朝、高知県庁を出発して土佐湾沿いの南国市と現在の香南市域を走り抜けた。写真は3区に分けられた南国市域のうちの第3区で、高知農業高校3年生の田内米子さんが正走者を務めた。〈南国市後免町・昭和39年・提供＝細川実氏〉

◀東京オリンピックの聖火到着
愛媛県から高知県へ入った東京オリンピックの聖火リレーは、9月16日の朝、高知県庁を出発して土佐湾沿いに南国市を走り抜けて野市町に到着、次の走者へ聖火がリレーされた。〈香南市野市町・昭和39年〉

▶ミス選挙による清き一票運動
この年の5月、南国市選挙委員会と明るく正しい選挙推進協議会が募集したミス選挙の審査の結果、ミス1人と準ミス2人が選ばれた。3人の女性たちは、同年7月の参議院議員選挙、10月の農業委員会委員選挙、12月の市長選挙と3つの選挙に向けて、市民に選挙の意義を理解してもらい、正しい選挙が行われるようさまざまな機会を通して呼びかけていった。〈南国市十市・昭和40年・提供＝濱渦智恵氏〉

▲公文包治村長の南米移住壮行会　二度の南米視察をした公文包治村長が、南米に新しい物部村を創ることを構想して海外移住審議会を役場に設置し、パラグアイのイグアスへの移住者を募集した。ところが当時、移住地での開拓者たちの艱難辛苦のようすが伝えられ、募集を断念せざるを得なくなった。すると公文は村長を辞任、自身の家族5人と同郷の夫妻とともに、物部村からの移住者第1号としてイグアスへ移住した。写真は、その移住を前にした壮行会で職員とともに役場前で撮った記念写真。〈香美市物部町大栃・昭和42年・提供＝公文照氏〉

◀**白髪隧道の開通**　本山町吉野から愛媛県四国中央市に至る県道264号の県境にある猿田峠に、白髪隧道が7年がかりの工事の末に開通した時の風景。開通当時は有料ということもあり、あまり交通量は多くなかったという。現在は山岳地帯を走る観光ルートのひとつとして、バイクや登山者などの通行も多くなっている。〈長岡郡本山町沢ヶ内・昭和40年・提供＝横山幸男氏〉

▲**選挙の投票所となった民家の土間**　投票する人びとの服装から、12月27日に行われた第32回衆議院議員選挙のものと思われる。この写真に写る投票所は民家の土間だという。この年、野市町では町長選挙も行われたが、無投票により野嶋栄町長が3選を果たしている。〈香南市野市町・昭和44年〉

▶知事も献穀田で田植え　11月に宮中で行われる新嘗祭に韮生野の新米を献上する献穀田で、初夏の日差しのもと、御田植式が行われた。溝渕増巳知事（当時）も早乙女たちと並んで田植えをしている。〈香美市香北町韮生野・昭和44年・提供＝後藤孝志氏〉

▲内田菊次先生頌徳碑の竣工除幕式　久礼田小学校初代校長・内田菊次の頌徳碑が校下有志により旧講堂前に完成した。内田菊次は明治15年植野尋常小学校に赴任。同23年開校の久礼田尋常小学校初代校長となる。坂本龍馬とは三従弟の間柄で村民の敬愛を集め、村政についても村民を指導した。その功績は文部大臣、高知県教育会長からも表彰された。〈南国市久礼田・昭和46年・提供＝南国市〉

◀集中豪雨で領石川沿いのハウスに被害

昭和47年9月14日から15日にかけて、集中豪雨が高知県全体を襲い、各地に水害をもたらした。南国市を東西に流れる国分川、下田川も氾濫し、大きな被害があった。この写真は、国分川支流の領石川沿いの園芸ビニールハウスの被害である。〈南国市久礼田・昭和47年・提供＝南国市〉

▶岡豊橋から転落したトラック

運転をミスしたトラックが国分川に転落したのであろう。横転し車体の半分は水中である。民家の背後は岡豊城跡、その最上部に見えるのはレストラン「岡豊山ハイランド」。昭和47年のある日の出来事である。〈南国市岡豊町・昭和47年・提供＝南国市〉

▶絶望と諦めの夏　昭和45年8月21日、台風10号が高知県に上陸した。県内各地に大災害をもたらしたが、子どもたちにとっては山田堰で泳げないことの方がショックだった。一度台風が来ると、上流のダムが放水するため、水位は上昇し増水した川は津波のようになって堰を越えた。こうなると1カ月以上水は濁り水位も下がらず、人びとの生活に影響を与えた。泳げない絶望と自然の猛威に寂寥感の漂う少年の後ろ姿。〈香美市土佐山田町談義所・昭和46年・提供＝尾田安広氏〉

▲夜須町庁舎落成式で餅投げ　この年の9月に役場庁舎が新築落成した。万国旗がはためく庁舎前の広場に町民があつまり、老いも若きも玄関上のテラスから職員が投げる餅めがけて歓声をあげながら群がった。この前年の秋には石油危機によるインフレで経済は混乱をきたし、高度経済成長期が終わりを告げようとしていた。〈香南市夜須町坪井・昭和49年・提供＝香南市夜須公民館〉

▲山田の日曜市の黎明期　東町商店街での開催が手狭になり、現市役所の南隣にアーケードを建てて移転してきた日曜市。この頃は土佐山田町、香北町、物部村の合併前だが、3町村合わせて人口は3万4000人を超えていて、毎週日曜日には1万人以上の客が訪れていた。参加店舗も130店を超える規模で、高知市の日曜市にも劣らない人気を誇っていた。訪れる買い物客と店主との掛け合いも日曜市の醍醐味であった。〈香美市土佐山田町宝町・昭和49年・提供＝香美市〉

▶第一回土佐町文化祭芸能大会　戦後の文化活動は公民館活動と連携して活発に行われた。昭和48年には土佐町文化推進協議会が結成され、各地区においても芸能大会や弁論大会、文化展などが開かれた。11月には第1回土佐町文化祭の芸能大会が開かれ好評を得た。以後芸能部門は各地区を巡回して芸能大会を開催するほどの人気であった。〈土佐郡土佐町田井・昭和49年・提供＝土佐町〉

▶ゲートボール競技大会　ゲートボールは昭和22年に北海道で考案され、昭和40年代から全国で盛んになった競技。運動負荷が軽く頭を使う競技特性から、年配者の娯楽に適すると各地の老人会を通じて爆発的に普及した。昭和60年頃には大規模な大会も開かれた。夜須町千切のゲートボール場でも、ゼッケンを輝かせての競技大会が開かれている。〈香南市夜須町千切・昭和50年頃・提供＝伊藤敏雄氏〉

▼三宝荘に向かわれる御料車　土佐山田町の県有林で行われた第29回全国植樹祭にご臨席のため来県された昭和天皇は、県下各地も来訪された。野市町では三宝荘に立ち寄られ、入所しているお年寄りたちと言葉を交わされた。〈香南市野市町・昭和53年〉

▲八王子宮夏祭り絵馬台　神社の境内に大型の拝殿風の絵馬台を立て、芝居絵屏風5点をはめ込む。10年間ほど出されなかった絵馬台が復活し氏子たちが熱心に見学している。この絵馬台は柱に手長足長の彫刻があり、「手長足長絵馬台」として有名である。現在も不定期に展示されている。〈香美市土佐山田町北本町・昭和55年・提供＝香美市〉

▼夜須町サイクリングターミナル完成　夜須町南部の海岸地帯は、高知県開発計画の中で臨海子供ゾーンと位置づけられており、風光明媚な海岸線に沿って多くの観光施設やレジャー施設がある。これらをより有効的に活用して青少年の健全育成をめざすことを目的として、日本自転車振興会や県の補助を得て、手結山塩谷に、サイクリングターミナルが建設された。昭和60年4月の落成記念の日の写真である。〈香南市夜須町手結山・昭和60年・提供＝伊藤敏雄氏〉

6 戦後の学校

昭和二十年八月十五日、敗戦を迎えた日本は、連合国の占領下となった。そして、軍国主義から民主主義へと生まれ変わるための改革が、アメリカの指導のもと、あらゆる面で実施されることとなる。それは、「国家百年の計」といわれる教育においてもまた、例外ではなかった。

戦後の教育は、焼け跡から始まった。戦災で校舎を失った子どもたちは、屋根のないバラックで授業を行い、新しい価値観を学んだ。教科書内に記述された軍国主義の名残を、墨で塗った経験を持つ読者の方もいるかもしれない。昭和二十二年には、前年に公布された日本国憲法の理念に基づく「教育基本法」が制定され、現代に続く民主主義教育の基礎が作られた。男女共学や義務教育制が導入されたのも、この頃である。

平和憲法下の子どもたちは、空襲におびえることもなく、「教育を受ける権利」を享受することができた。やがて復興が進み、日本の経済が成長していくと、子どもたちのライフスタイルも多様化する。その中で、戦前にはなかった文化やコミュニケーションが、学校という社会単位の中ではぐくまれた。

同時に、戦後史の中で、人口の都市部流出や少子化により、多くの学校が廃校にもなった。本項で紹介する写真の学校も、現在はすでに存在しないものも多い。昭和三十五年時点で県下に四八五校あった小学校も、同年をピークに減少の一途を辿り、現在ではその半数ほどとなっている。昭和四十年代の終わりまでで、小中学校だけでも、現在の南国市域で一一校、香南市域で一三校、香美市域で三四校が統廃合となった（高知ミモザの会発行『学校の記憶と再生　かつて高知県には７０９の小中学校があった』より）。

学校という場所は、子どもたちの教育機関であるだけでなく、地域のコミュニティーや防災の拠点としての役割も果たす。校舎の数が減ったとしても、そのことは現在も不動であろう。昨今、学校と地域が連携した教育が模索されているが、本項の写真をご覧になる際には、その点も踏まえていただければ幸いである。

（森本琢磨）

▲日章小学校の校舎前の滑り台　坊主頭におかっぱの児童たちが、木製の滑り台に集まって記念撮影。直前まで校庭や滑り台で思い思いに遊んでいたのだろう、足元は草履、下駄、ズックに裸足とさまざまである。〈南国市田村・昭和25年頃・提供＝秦泉寺真行氏〉

▲大篠保育所を訪問された昭和天皇と皇后　昭和24年に大篠村立の保育所として認可され、同34年に南国市立となった。開設されたばかりの保育所を、巡幸中の昭和天皇と皇后が訪問された。平成13年に南国市から民間へ移管され、大篠保育園となっている。〈南国市大そね・昭和24年・提供＝三木孝重氏〉

▶神社に開設された久礼田保育所　久礼田熊野神社の御《み》炊殿《かしきでん》の階段で遊ぶ園児たち。昭和24年に認可を受けて久礼田村立保育所が開設された。長岡郡内で3番目に設立された保育所である。第一回の保育修了者は男子23人、女子27人の計50人だった。〈南国市久礼田・昭和25年・提供＝澤村明夫氏〉

▶久礼田保育所で市長と園児が餅つき　毎年12月末の恒例行事だった餅つき風景。この年は小笠原喜郎市長が参加し、園児と一緒にぺったんぺったんとついた。当時、すでに臼と杵で餅をつく家庭はほとんど無く、園児には珍しい体験だった。自分たちでついて、丸めたあんころ餅の味は格別だったろう。〈南国市久礼田・昭和50年頃・提供＝濱渦智恵氏〉

◀里保育園の卒園記念　昭和27年3月に認可され、三和村里改田に開所した里保育園。卒園する園児たちのかわいい顔が並ぶ。同園は同49年に現在地に新築移転した。〈南国市里改田・昭和33年頃・提供＝溝渕洋哉氏〉

▶後免野田小学校の卒業記念　明治21年の後免野田組合立小学校に始まる学校。当時、卒業式には、進学する中学の制服を着て来る児童たちもいた。〈南国市下野田・昭和25年・提供＝北村敏氏〉

◀**後免野田小学校の学芸会**　同校の年1回の学芸会では、楽器演奏、合唱、演劇、踊りなどを全学年でそれぞれ行い、保護者だけではなく地域の人たちも見学に訪れ、児童たちの出し物を一日楽しんだ。法被に鉢巻、手甲、脚絆を付けた女子児童たちが元気の良い踊りを披露している。〈南国市下野田・昭和30年頃・提供＝北村敏氏〉

▶**十市小学校4年生の集合写真**　戦後の学制改革によって、十市国民学校から十市小学校に変わったばかり。戦争が終わったとはいえ、まだ復興に向けた混乱の時期、児童たちの服装もまちまちで、笑顔は見られない。〈南国市十市・昭和22年・提供＝南国市〉

◀**十市小学校の学芸会**　ウサギの耳をつけて楽しそうな演技に「ソソラ　ソラ　ソラ」と、童謡のメロディーが聞こえてきそうだ。どの学年も、学芸会に備えて相当の時間を割いて練習に取り組んでいた。〈南国市十市・昭和25年・提供＝南国市〉

▶**後免野田小学校の人文字**　明治21年、後免、野田の両小学校を統合し、後免野田組合小学校として開校。昭和30年代から40年代には、校舎増築、プール落成、運動場拡張など、諸整備が進んだ。児童たちが運動場で人文字を作り、航空写真を撮った。〈南国市後免町・昭和43年頃・提供＝南国市〉

▲**三和小学校の講堂（旧開成館）**　三和尋常高等小学校発足当時、旧制海南中学校から、高知市九反田にあり、幕末土佐の近代化拠点となった土佐藩の旧開成館の建物をもらいうけ、木材、瓦などそのまま使用し講堂として利用した。昭和44年、この建物は有志によって明治100年記念事業として再び高知市の高知小津高校構内に移築されたが、平成10年、同校の校舎新築にともなって取り壊された。現在、同校には開成門のみ残されている。〈南国市里改田・昭和44年頃・提供＝溝渕洋哉氏〉

▲三和小学校３年生終業式のクラス写真　少し日差しが眩しそうだが、個性豊かで生き生きとした顔が並ぶ。その後ろの建物は、明治22年、浜改田小学校が浜改田に、三和小学校が里改田に開設され、昭和８年に合併が決まると、その校舎として由緒ある旧開成館の建物を譲り受け、移築したものである。〈南国市里改田・昭和41年・提供＝溝渕洋哉氏〉

◀久礼田小学校のグラウンドで　明治22年に久礼田村、植野村、植田村、領石村が合併して１村となった。翌23年に久礼田小学校が開校、以来、校舎はこの地である。昭和38年には瓶岩小学校を統合した。競技はポートボールだろうか、ボールを高く投げ上げて、ジャンプボールで試合開始している。保護者参観日の体育の授業でのひとコマ。〈南国市久礼田・昭和50年頃・提供＝濱渦智恵氏〉

▲大篠小学校の校舎　昭和41年当時の大篠小学校の玄関付近。風格のある立派な建物であった。現在、このあたりには、学童保育の建物、その北側には体育館が建っている。〈南国市大篠・昭和41年・提供＝南国市〉

▶先生と一緒に仲良し写真　大篠小学校の校舎の脇で、女子児童たちがなにやら楽しげに花や松の枝などを持って先生と一緒に写真に収まっている。〈南国市大埇・昭和24年・提供＝北村敏氏〉

◀長岡小学校の校舎と校庭　明治9年、野地小学校として開校。同24年に長岡尋常小学校と改称される。写真は、昭和29年に現在地へ移転する前の長岡小学校全景。〈南国市下末松・昭和28年・提供＝南国市〉

▶上倉村立第一小学校　明治8年、白木谷尋常小学校として開校し、同38年、八京尋常小学校と合併し萩野高等小学校となる。同44年、上倉村立第一尋常高等小学校となり、その間の記録は市史等にないが、昭和31年に白木谷小学校となった。〈南国市白木谷・昭和24年・提供＝南国市〉

◀上倉第三小学校　明治25年、上倉村中谷に設置された学校が大正5年、井の沢に移転し、上倉村立第三小学校となった。昭和22年、上倉中学校井の沢分校を併設。同30年、黒滝に移転して上倉村立黒滝小中学校と改称した。同53年に奈路小学校へ統合されて廃校となった。〈南国市白木谷伊沢・昭和24年・提供＝南国市〉

▲上倉村立第二小学校　明治8年、奈路尋常小学校として開校し、上倉村立第二尋常小学校、同第二国民学校を経て、戦後の昭和22年、第二小学校となった。やがて同29年に学区変更によって中谷、上倉、井の沢などから転入する児童を迎えるため校舎を増築し、31年に奈路小学校と改称した。〈南国市奈路・昭和24年・提供＝南国市〉

▶久礼田中学校男子生徒の田起し風景　中学3年生は家庭科の実習作業として、学校田で水稲栽培を行っていた。男子は鍬を使って田起し、代掻き作業を行い、女子は早乙女姿で田植えを行った。秋には収穫した米で作ったちらし寿司がふるまわれた。〈南国市久礼田・昭和29年・提供＝澤村茂氏〉

◀大篠中学校の運動会　運動会で鉄棒の模範演技を見せる生徒。組み立て式の鉄棒は父兄が寄付したもの。後ろに見えるのは当時の木造校舎。戦後の新学制により、昭和22年に稲生村、十市村、三和村、大篠村の各小学校内に中学校が創立。同31年、町村合併によりそれぞれ香長村立となり、34年、南国市発足に伴って4校が学校統合され、南国市立香長中学校となった。〈南国市大そね・昭和31年・提供＝山本温美氏〉

▲鳶ヶ池中学校の正門　昭和22年4月、新学制のもと長岡村、後免町、野田村、国府村による組合立鳶ヶ池中学校となった。門柱に記された校名に組合立の文字がかすかに読める。二階建て校舎も落成し、グラウンドにはバスケットボールのゴールも見える。〈南国市東崎・昭和29年・提供＝南国市〉

▶鳶ヶ池中学校運動会の騎馬戦　運動会では男子の花形種目である騎馬戦。皆上半身裸で、学生服のズボンに素足。馬上の騎手は微笑んでいるが、帽子取りではなく、相手を落馬させたら勝ちという勇ましい騎馬戦である。〈南国市東崎・昭和29年頃・提供＝南国市〉

◀学校林での炭の俵詰め　南国市立鳶ヶ池中学校では、土佐山田町北滝本に学校林を持ち、同28年に落成した宿舎・清純寮に泊まり込みで、植林、炭焼きなどさまざまな作業を行っていた。同38年、40年に学校植林優秀校として知事表彰された。〈香美市土佐山田町北滝本・昭和29年・提供＝南国市〉

▶宿舎・清純寮での炊事風景　鳶ヶ池中学校の学校林にあった宿舎・清純寮にて皆で食事の支度をしている。泊まり込みで共同作業をし、皆で作って食べる食事は格別だった。〈香美市土佐山田町北滝本・昭和29年頃・提供＝南国市〉

▲城山高校の体育祭での仮装行列　体育祭で、1960年代に流行したヒッピー、ミニスカート、ノースリーブの仮装をした生徒たち。午後の部の始まりに校庭を飛び出し、赤岡町内に繰り出した。当時、町の人たちにとって仮装行列を見るのが楽しみのひとつだった。学校に帰ると、仮装したまま応援合戦をしていた。〈香南市赤岡町・昭和40年頃・提供＝小松敏秀氏〉

▼山北幼稚園おゆうぎ会の後の記念撮影　毎日一生懸命練習し、今日は保護者の皆さんに見てもらい、たくさんの拍手をもらってうれしかった。幼い胸にも安堵の気持ちは満ちていたろう。お遊戯の衣装そのままで、園の庭での記念写真。〈香南市香我美町山北・昭和44年頃・提供＝小松治子氏〉

▲山北幼稚園クリスマス会　クリスマス会にサンタクロースのおじさんもやってきた。何日もかけ、皆思い思いの願いに胸躍らせながら、きれいに飾ったクリスマスツリー。サンタさんのプレゼントは何であったろう。幼き頃の想い出は、年を経てもなつかしい夢と残る。〈香美郡香我美町山北・昭和44年頃・提供＝小松治子氏〉

▶入学式の日、母親と一緒に　香我美小学校入学の日、保護者とともに学校への一歩である。昭和30年、戦後もようやく落ち着き、翌年の経済白書に「もはや戦後ではない」と記された時代、母親の姿にも、入学児童の服装にも、落ち着いた世相が感じられる。〈香南市香我美町下分・昭和30年・提供＝門脇美香氏〉

▲香我美第一小学校閉校前の終業式　昭和50年、東川、徳王寺、山南、香我美第一小学校が統合され、香我美小学校が新設されることに。閉校を前にした終業式には淋しさもあったことだろう。4年間学んだ学校に別れを告げて、新しい学校へ5年生として通学しなければならない新学期への不安はつのったにちがいない。この年、近辺の小学校の統廃合は4校に及んだ。〈香南市香我美町山北・昭和50年・提供＝小松治子氏〉

▶香宗保育園の運動会　香宗保育園は昭和26年12月、郡下一のモデル保育所としてスタートした。大勢の保護者に見守られての運動会である。運動場の隅には大木が木陰を作り、その脇には滑り台もある。園児たちのすばらしい演技に、大きな声援と拍手がおくられる。〈香南市野市町中ノ村・昭和49年・提供＝小松治子氏〉

▲野市町立佐古保育所　当時の野市町内にあった、児童福祉法に基づいて設置された4つの保育所のうちのひとつ。昭和27年に佐古村立保育所として設置され園舎が落成した。同30年に野市町立、平成18年に香南市立となり、現在に至っている。〈香南市野市町母代寺・昭和40年代〉

▶野市小学校の運動会　手前に写る男の子と女の子は、ランニング姿の兄の応援に来たようだ。校庭のむこうに見える木造の建物は、明治20年に野市尋常小学校が新築開校したのと同時に落成式を行った野市町役場の庁舎。〈香南市野市町西野・昭和38年・提供＝別役秀氏〉

◀野市小学校の運動会
野市小学校の校庭には大きな栴檀《せんだん》の木が2本生えていた。その木の枝に結んだ万国旗がはためく下で児童たちが集団演技をしている。この場所には昭和53年に野市幼稚園の園舎が新築された。〈香南市野市町西野・昭和38年・提供＝別役秀氏〉

▲佐古小学校の木造校舎　佐古小学校の前に広がる田んぼの間の道を、下校する児童たちが歩いている。背後の木造二階建ての校舎は昭和12年に落成したもの。老朽化のため、同58年7月から校舎改築が着工され、同59年、鉄筋コンクリート四階建ての現校舎が落成した。〈香南市野市町母代寺・昭和58年頃〉

▶夜須保育園児のお散歩　児童福祉法に基づく保育園の設置は、その必要性は認められながらも順調ではなかった。夜須保育園の開園は、昭和25年、西山八幡宮の境内を借りてのスタートであった。元気な園児が今日も保母さんに手を引かれ、園の前の道路を散歩中である。〈香南市夜須町西山・昭和54年頃・提供＝伊藤敏雄氏〉

◀夜須幼稚園児の餅つき　夜須町立夜須幼稚園は昭和52年4月設立された。当時香美郡では公立幼稚園の開設は野市町に次ぐものであった。今日は保護者達の見守るなか、園児たちが夜須小学校の校庭で、臼と杵を使って昔ながらの餅つきである。白い頭巾に白いエプロン、重い杵を持ち上げる子に周囲からは不安そうな眼差しが向けられる。〈香南市夜須町西山・昭和57年頃・提供＝伊藤敏雄氏〉

▶夜須小学校の新校舎落成　昭和55年に第1回の校舎改築委員会が開かれ、翌年には起工式、同57年10月に落成式をむかえた鉄筋コンクリート三階建ての新校舎。校地を移動せずに改築したため、工事中の約1年間は仮校舎での授業となった。〈香南市夜須町西山・昭和57年・提供＝香南市夜須公民館〉

◀夜須小学校国光分校最後の運動会　明治5年の学制施行によって地域に設置された小学校に始まり、夜須尋常高等小学校の時代から国光分教場として、地域の子どもたちの学び舎であり拠り所でもあった。昭和47年3月に夜須小学校本校へ統合されることが決まり、最後の運動会となった。〈香南市夜須町国光・昭和46年・提供＝香南市夜須公民館〉

▶香長中学校の遠足　手結住吉は戦前から行楽客が訪れる観光資源に恵まれた海岸であり、近隣の小学校や中学校の遠足の目的地として定番でもあった。この日は南国市の香長中学校の遠足である。潮騒の音を聞きながら学友と過ごした、楽しい遠足のひとコマであろう。〈香南市夜須町住吉・昭和46年頃・提供＝溝渕洋哉氏〉

◀吉川小学校の卒業記念　明治21年に吉原小学校と古川小学校が合併して設置された吉川尋常小学校に始まる。戦後は講堂の建築、北校舎の改築や音楽室、図書室などを整え、この写真が撮られた年にはプールが完成している。〈香南市吉川町吉原・昭和43年・提供＝増井はつ子氏〉

▶西町保育園の運動会①　少し肌寒い11月。西町保育園の園児達は、少し離れた片地にて運動会を行った。小さな手で一生懸命に投げたお手玉。みごとにくす玉が割れて紙吹雪が舞い、今も昔も変わらない子どもの笑顔が見られる。〈香美市土佐山田町片地・昭和28年・提供＝久保田晴子氏〉

◀西町保育園の運動会②　ネズミの面を付けた園児2人が力を合わせ、慎重に引っ張っている板の上に乗っているのは餅だろうか。同園は、八井田歯科の北側にあったが、昭和48年に廃止された。跡地は現在、高知工科大学教員宿舎となっている。〈香美市土佐山田町西本町・昭和38年頃・提供＝野村征子氏〉

▶西町保育園の落成祝い　待ちに待った保育園の完成。並んだ子どもたちと後ろに大勢集う大人たちが視線を向ける先には、いったい何があったのだろう。この年に完成し、愛された保育園は今では公民館となり、地域住民の集いの場となっている。〈香美市土佐山田町西本町・昭和28年・提供＝久保田晴子氏〉

◀さくら保育所の運動会　大勢の園児が、先生や保護者に応援されて玉入れに奮闘している。さくら保育所は八王子宮の土俵場東側を道なりに東へ入った場所にあった。運動会は八王子宮の境内で、万国旗を付けたロープを張り、盛大に行われていた。〈香美市土佐山田町東本町・昭和28年・提供＝清水豊氏〉

▲楠目保育園の卒園写真　卒園式後の集合写真だが、当時は卒業園児が少なかったからか、1歳下の園児たちも一緒に写っている。背後の建物は懐かしい木造の園舎。狭い園庭も、子どもたちにとっては広い社交場だった。昨今の少子化で他の保育園と吸収合併して場所も変わり、今では楠目保育所という名前も消えてしまった。〈香美市土佐山田町楠目・昭和39年・提供＝尾田安広氏〉

▶香長小学校の運動会に参加した園児たち　日の丸の旗を手に皆で大きな輪をつくっている。校庭の回りでは小学校の児童たちや自転車を止めて見学している地域の人たち。その向こうには田んぼが広がり、わらぐろが見える。子どもたちは地域の中で見守られながら育っていった。〈香美市土佐山田町須江・昭和27年・提供＝三木孝重氏〉

▲若藤保育園の卒園劇　演目は「白雪姫」。昨今の保育園の発表会とは違い、王子様役もお姫様役も1人しかいなかった。王子様の役を射止めた園児は、卒園直前に高知市内に引っ越したが、高知市内から路面電車と蒸気機関車を1時間以上乗り継いで通園し、見事卒園劇の主役を演じた。〈香美市土佐山田町繁藤・昭和39年・提供＝前田正也氏〉

▲楠目保育園の５月のこいのぼり運動会　こいのぼりがたなびく下、裸足でかけっこをする園児たち。長年地域で愛されてきた保育園は、平成 21 年、香美市の子育て支援充実のプランにより、山田・明治保育園と共に、新設された「なかよし保育園」へ再編された。〈香美市土佐山田町楠目・昭和 62 年・提供＝濱田愛華氏〉

◀山田小学校の運動会　みごとな瓦屋根が印象的な木造二階建て校舎の山田小学校は、土讃線土佐山田駅から近く、また商店街に隣接しており、多くの子どもたちが通学した。かつて 800 人を超えていた児童数は、現在、約半分となっている。木造の校舎は昭和 45 年の改築工事で鉄筋コンクリートの建物に姿を変えた。〈香美市土佐山田町西本町・昭和 33 年・提供＝久保田晴子氏〉

▶**山田小学校の学芸会**　この年の山田小学校1年生の出し物は、「海の向こうは鬼ヶ島」。教師たちは机や椅子を積み重ねて登り、児童たちの舞台の裏方を務めた。下に立つ子どもたちが肩から掛けているアルマイトの水筒も、今は見ることがない。〈香美市土佐山田町西本町・昭和29年・提供＝久保田晴子氏〉

▼**プールでフナ釣り**　立派な木造瓦屋根の校舎が背後に見える。少年たちが釣りをしているのは山田小学校のプールである。防火用に、一年中水が張られているため、水泳の授業のない季節はフナ釣りを楽しめる遊び場であった。〈香美市土佐山田町西本町・昭和35年頃・提供＝久保田晴子氏〉

◀楠目小学校入学記念写真 撮影時は学年1クラスの小規模校だった。当時としては珍しい完全給食制で、試験的に始めるには丁度いい規模だったのかもしれない。この学年は男女合わせて24人で全校生徒も150人程度だったため、他の学年の児童も名前は知らなくてもほとんど顔見知りだった。校舎も講堂もすべて木造だった。現在は学校は別の場所に移転して、児童も増えている。〈香美市土佐山田町楠目・昭和40年・提供＝尾田安広氏〉

▶楠目小学校の大運動会 自転車のリムを竹の棒で滑らせて走る、輪回しと呼ばれる競技。ふつうの駆けっこで遅くても、道具を使う競技が得意な子にとって、チームに貢献できる唯一の競技。写真の児童も得意満面で走っている。後ろに写っている木造平屋の講堂は、雨の日などには体育館として使われた。〈香美市土佐山田町楠目・昭和43年・提供＝尾田安広氏〉

◀岩村小学校2年生のクラス写真 当時の全校児童数は200人ほどであった。昭和34年10月1日、岩村が合併して南国市が発足。同7日の境界変更により旧岩村の北部は土佐山田町に編入され、事実上の分村となった。同37年、岩村小学校と明治小学校が統合されて舟入小学校となった。旧岩村小学校の跡地には現在、児童養護施設博愛園がある。〈香美市土佐山田町神通寺・昭和31年・提供＝三木孝重氏〉

▲岩村小学校の全景　昭和34年、旧岩村が南国市と土佐山田町とに分村して編入することになり、岩村小学校も閉校することになった。翌35年、岩村小学校の足跡を示す記念となるように校庭に全校児童が人文字を作って航空写真を撮った。提供者は当時2年生であったが、自分がどのあたりで並んでいたかを覚えているという。〈香美市土佐山田町神通寺・昭和34年・提供＝阿部政敏氏〉

▼卒業生が集まった平山小学校創立百周年記念式典　県内外からかつての児童たちが帰郷した。平山小学校は児童数の減少により平成15年に休校、同17年に廃校となったが、元校舎は現在、地域交流施設「ほっと平山」となり、地域住民の集いの場となった。〈香美市土佐山田町平山・昭和52年・提供＝小笠原由美氏〉

◀繁藤小学校で行われた若藤保育園の運動会 繁藤小学校の運動会に若藤保育園児が参加するという合同運動会だった。園児の参加種目は少なかったが、園児や保護者、地域にとっても最大のイベントだった。当時は、保育園児から小学生、中学生までが一緒に遊ぶ習慣が残っており、運動会には中学生も駆けつけた。〈香美市土佐山田町繁藤・昭和38年・提供＝前田正也氏〉

▲山田中学校3年生のクラス写真　山田小学校の西の方にあった。この次の年、昭和39年に山田中学校と土佐山田中学校が統合され鏡野中学校となる。統合された当時の全校生徒数は1,000人以上いた。平成30年度の全校生徒数は375人である。〈香美市土佐山田町西本町・昭和38年・提供＝野村征子氏〉

▶中学校生活最後の遠足　中学校最後の遠足で訪れた手結の海では、整備された海水浴場ではなく、ゴツゴツの岩礁を歩いて楽しんだ。すべるので靴は脱いで手に持ったが、足はとても痛かった。〈香南市夜須町・昭和36年・提供＝武内節子氏〉

▲山田高校運動会の仮装行列　今ではあまり行われていない運動会の種目、「仮装行列」。この時代はクラス一丸となって力を入れるメイン種目であった。結婚式をテーマに仮装した2年生時、花嫁を男子生徒、花婿には女子生徒が扮して様々な結婚を演じた。〈香美市土佐山田町旭町・昭和38年・提供＝武内節子氏〉

▲別府小学校1年生のクラス写真　昭和22年、戦後の新学制のもと第七国民学校から別府小学校となったばかりの頃の集合写真。平成8年に休校となった。〈香美市物部町別府・昭和23年頃・提供＝上池ひろえ氏〉

◀拓《つぶせ》小学校の学芸会　明治11年に庄谷相小学校として開校した。その後、移転、改称等の変遷を経て、昭和22年に第二国民学校から拓小学校となった。学芸会での記念写真。同校も昭和40年に大栃小学校に統合された。〈香美市物部町拓・昭和29年頃・提供＝後藤孝志氏〉

▶奥物部の久保小学校　大栃から三峯（標高1,893メートル）に向かう奥物部には、ダムの建設現場や木材の切り出し現場も多く、いくつか小学校もあった。年に一度の運動会は盛大に行われ、多くの地域住民が交流した。大雨や台風の後には、よく土砂崩れが発生し、くねくね道には「クマ出没注意！」という看板もあった。〈香美市物部町久保沼井・昭和34年・提供＝前田正也氏〉

▼槙山中学校の学芸会　戦後、設立された当初は槙山村立槙山中学校で、昭和25年に大栃中学校と改称、同31年の合併に伴って物部村立大栃中学校となった。写真は中学1年生が明智光秀の劇を発表した時のもの。学芸会は歌あり、踊りあり、コントありで昼夜2回行われた。〈香美市物部町大栃・昭和23年・提供＝山﨑ナミエ氏〉

▲府内小学校の改築落成を祝って　校舎改築の落成祝いで餅投げに使う餅を持って出発するところ。槇山村から餅を入れた俵を棒に架け、在所村の府内小学校まで担いで運んだ。〈香美市物部町庄谷相・昭和 33 年・提供 = 公文寛伸〉

▼府内小学校の改築落成記念　明治 8 年、白石に創設された小学校にはじまる。この年、改築なった校舎の前で教職員一同が集まり記念撮影した。落成式には餅投げなどが行われ、地域の人たちも総出で祝った。同校は昭和 44 年 3 月に廃校となった。〈香美市香北町白石・昭和 33 年・提供 = 小松範之氏〉

▲岡ノ内中学校別府分校のクラス写真　昭和30年、写真の別府青年学級の建物を借りて岡ノ内中学校別府分校として開校した。山村地域の学校でもこれだけの人数が通っていた。同36年には独立して別府中学校となったが、村外への転出など人口減少に歯止めがかからず、同60年に大栃中学校に統合された。〈香美市物部町別府・昭和32年頃・提供＝上池ひろえ氏〉

▶森林の下草刈り実習　岡ノ内中学校別府分校の生徒たちが、農林実習で植林地の下草刈りに参加した。柄の長い鎌を使って草刈に一汗流した後で、指導員たちと記念撮影。〈香美市物部町別府・昭和31年・提供＝上池ひろえ氏〉

◀大栃中学校の運動会 出番を待つのは教師たちである。生徒たちは椅子に座り、競技の行方を見ている。この時代、中学校の運動会が地域ぐるみで行われていたことが、背後の木陰で談笑する小さな子どもたちの姿から見てとれる。〈香美市物部町大栃・昭和30年代・提供＝久保田晴子氏〉

▲吉野中央小学校の校舎 当時の吉野村には吉野北部小学校、西部小学校、吉野中央小学校があったが、昭和30年の吉野村と本山町の合併によって吉野北部小学校は沢ヶ内小学校、吉野中央小学校は吉野小学校と改称した。西部小学校は同36年に土佐町に編入して大河内小学校となったが、早明浦ダムの建設によってダム湖に沈んだ。写真は合併前の吉野中央小学校の木造校舎。〈長岡郡本山町吉野・昭和27年頃・提供＝大石悦子氏〉

▲吉野中央小学校の児童たちの掃除風景　木製の机と椅子が並ぶ教室を、箒と雑巾で掃除している。教室の後ろの壁に貼り出された習字の題が「有終の美」なのは、本山町との合併が間近だからだろうか。その右には民主主義の基本、三権分立を図解する資料が貼りだされている。〈長岡郡本山町吉野・昭和30年・提供＝大石悦子氏〉

▼帰全小学校の校庭で遊ぶ児童たち　石垣が印象的な帰全小学校の、今は見られない木造平屋の校舎である。子どもたちが多かった懐かしい時代。山間地域の学舎にもたくさんの子どもたちの声が響きわたっていた。〈長岡郡本山町・昭和30年頃・提供＝本山町教育委員会〉

◀本山小学校体育館の落成式
この体育館は小学校の屋内運動場としての利用のほか、各種の舞台発表、映画会などの文化活動、社会人のスポーツ活動など、多くの町民に利用され親しまれた。その後、昭和63年に新しい体育館が別の場所に建てられ、この体育館はなくなっている。〈長岡郡本山町本山・昭和38年・提供＝本山町教育委員会〉

▲吉野中学校の卒業記念　卒業証書を手に、晴れやかな表情の卒業生たち。当時、本山町には済美、白髪、吉野、西部、本山と5校の中学校があった。その後、昭和36年に西部中学校は土佐町に編入、同46年に白髪中学校が本山中学校に、同53年に済美中学校が吉野中学校に統合された。そして平成19年には吉野中学校と本山中学校が統合されて嶺北中学校が新設され、町内唯一の中学校となった。〈長岡郡本山町吉野・昭和33年・提供＝大石悦子氏〉

▲大豊中学校の校舎　大田口中学校と豊永中学校が昭和43年に名目統合されて大豊中学校を設立、同44年に写真の校舎が新築落成し、大豊中学校の新校舎としてスタートした。大豊中学校は平成21年に大杉中学校を統合して大豊町中学校となっている。〈長岡郡大豊町黒石・昭和46年頃・提供＝小松恭子氏〉

▶東豊永中学校2年生の終業式記念　新学制のもと、東豊永中央中学校として開設された。当初は旧国民学校高等科の校舎を仮校舎としていたが、昭和29年に校舎を新築、翌年には大豊村が発足して東豊永中学校と改称した。その後、生徒数が減少し同49年に大豊中学校へ統合された。写真の2年生たちは翌年、東豊永中学校の生徒として卒業していった。〈長岡郡大豊町川平・昭和46年・提供＝小松恭子氏〉

▲田井小学校２年生が終業式で記念撮影　「田井尋常高等小学校」「田井実業青年学校」の表示が残る門柱の前で記念撮影しているのは、戦後の新学制のもとで入学した児童たち。同校も含めた土佐町内の小学校５校は、平成21年に統合されて土佐小学校となった。〈土佐郡土佐町田井・昭和24年頃・提供＝大石悦子氏〉

▶和田小学校の音楽朝礼
明治６年、土居に森小学校が創立したのが土佐町での最初小学校。次いで大井、地蔵寺、石原、相川と小学校が創立され、和田小学校ができたのは明治９年であった。昭和49年のこの写真では、教員３人、生徒数も10人程度であろうか。音楽朝礼でその日の学校生活が始まった。山間の情操豊かな教育実践の懐かしい風景である。和田小学校も廃校となって今はない。〈土佐郡土佐町和田・昭和49年・提供＝土佐町〉

▶嶺北文化服装学院の卒業記念　「もはや戦後ではない」と経済白書に記されてから3年、整然と並んだ学院生の服装にも日本経済が復興時代から脱却してきたようすが感じ取れる。家庭電化が生活様式も変え、女性のファッションへの関心もますます高まってくる時期の卒業生であろう。〈土佐郡土佐町田井・昭和34年・提供＝大石悦子氏〉

▲白滝保育園の園児たち　後ろの壁には園児たちの作品が貼りだされており、賑やかな保育園の教室である。白滝鉱山が閉鎖されるまでは、子どもたちの声が聞こえる賑やかな住宅地があった。〈土佐郡大川村朝谷・昭和43年頃・提供＝山本美智代氏〉

フォトコラム　水底に沈んだ風景

産業の発達、工業の発展、増大する都市部の人口は、大量の生活・工業用水や電力を必要とする。水や電力の確保、洪水の防止などを目的とした多目的ダムの建設が要請され、県内各地の河川に建設された。ダムは現代の生活や産業を支える一方で、ダム湖に沈む集落を現出したり、川漁や魚の遡行が妨げられるなど、生態系の変化や自然環境の破壊を招くとの批判や問題も多い。

物部川の中流、物部村と香北町にまたがる永瀬ダムも、太平洋戦争後の国土開発法による河川の総合開発として構築された多目的ダムのひとつである。昭和二十五年着工以来、五年八カ月を要して完成した。堤高八七メートル、堤長二〇七メートルの規模であった。ダムの水没地域内には上韮生川筋の柳瀬や槇山川筋の水通《みどおし》など、まとまった集落の人たちの故郷が沈んだ。一般家屋二二一戸のほか、神社、仏堂はじめ二四八戸、多くの田畑山林、宅地など一七三町二反七畝二歩が買収されたと記録が残る。このダムは、幾何学的な美しさでは日本屈指で、こんなに一直線に並んだ橋脚はめずらしいという。しかしこの山峡にあった神秘に満ちた渕も、伝説を秘めた橋もろともに湖底に沈めようとは、誰しも夢想だにしなかった、という述懐の声も聞かれた。

吉野川流域の、吉野川総合開発計画の根幹になったのが早明浦ダムである。吉野川下流の洪水調節や用水補給、四国四県への新規用水の供給を目的に、土佐町と本山町の町境に計画された。昭和四十四年、基礎工事が始まり、同五十年に完成した。堤高一〇六メートルの西日本有数の規模を誇っている。ダムの建設により水没した世帯は三五六。とくに水没を余儀なくされた大川村中心部は、同四十一年時点で水没戸数は一六七戸で、大川村の農業の中心地の船戸、高野、小松を中心に一〇三戸の農家のうち五四戸が水没した。水没農家の移転先も村外が多く、その後農業戸数が回復することはなかった。船戸にあった旧役場庁舎も水没し、現在では干ばつ時にダム湖の底から姿を見せることもある。ダムは地域住民には大きな恩恵を与えることになる一方、失うものも多い。完成後は、電源開発だけでなく「四国の水がめ」として、多くの住民の生活用水を確保しつつ、観光のスポットにもなっている。

（宅間一之）

▲新旧の大栃橋と仮橋　永瀬ダム建設によって旧大栃橋（下）がダム湖に沈むため、新しく架けられている大栃橋（上）。コンクリート製の橋脚に赤い鉄工トラスの橋で昭和30年に竣工した。ボンネットバスが通っている旧大栃橋と、その上の仮設橋はダム湖に沈み、この光景を見ることはできなくなった。現在、この大栃橋も老朽化が進み、架け替えが計画されている。〈香美市物部町大栃・昭和29年頃・提供＝和田栄美子氏〉

▲大栃付近の永瀬ダム湖全景　手前に大栃橋、中央やや右手に韮生川橋が見える。昭和31年に永瀬ダムが完成すると、工事関係者で賑わっていた町に静けさが戻っていった。写真に見える段々畑は現在耕す人もなく、そのほとんどが森になっている。〈香美市物部町大栃付近・昭和32年頃・提供＝山﨑ナミエ氏〉

▶大栃営林署の製材所　水通にあった製材所で働く人も多かった。永瀬ダムの完成によってダム湖に沈む前の光景。〈香美市物部町大栃・昭和27年頃・提供＝山﨑ナミエ氏〉

◀八王子宮からダム方向を望む　湖水祭の日だろう、大栃商店街が大勢の人出で賑わっている。湖水祭は、永瀬ダム建設に関連して亡くなった方々の慰霊と五穀豊穣を祈るとともに地域振興を祈願するもの。ダム完成の昭和31年に商工祭として開催され、現在では奥物部湖湖水祭実行委員会が主催する夏の一大イベントとなっている。〈香美市物部町大栃・昭和33年頃・提供＝山﨑ナミエ氏〉

▶旧大栃橋に別れを告げる　永瀬ダムが完成して湛水が始まると、住み慣れた地域が水に沈んでいく。渡り慣れた大栃橋が沈む前に、小中学校の児童、生徒たちが橋の上に整列し、地域住民とともに「蛍の光」を歌って別れを惜しんだ。〈香美市物部町大栃・昭和32年頃・提供＝山﨑ナミエ氏〉

▲早明浦ダム定礎式　四国の水がめとして四国四県の利水と吉野川の治水の役割を果たす四国最大のダム・早明浦ダムの定礎式が行われた。竣工式は昭和48年。同50年の台風による異常出水や、その翌年の台風による放流での濁水などが問題となった。現在ダム湖ではカヌー競技が盛んである。〈長岡郡本山町立野・昭和44年・提供＝独立行政法人水資源機構〉

▼早明浦ダム竣工を祝う踊り子隊　昭和48年11月10日の早明浦ダム竣工式は、ダム湖畔を見おろす台地で行われた。同42年10月28日、本工事に着手して約400戸の家屋と総面積800ヘクタールの土地、山、宅地を湖底に沈め、多くの犠牲のもとに完成したダムである。祝賀で踊る踊り子たちはダム上で、悲喜こもごもの思いを、鳴子の音に重ねたのであろう。〈土佐郡土佐町田井・昭和48年・提供＝土佐町〉

▲船戸の家並み　早明浦ダム完成前の大川村船戸のようす。大川村の主要部はダムの完成によってダム湖の底に沈むことになった。いまでも渇水の時期が続くと、大川村役場の建物がダム湖から現れて話題を呼ぶ。〈土佐郡大川村船戸・昭和 40 年代・『大川村史追録　別冊写真集おおかわ』（大川村）より〉

▶水没する船戸地区の「おわかれ会」
船戸地区ではダム建設により約 70 戸のほとんどが水没し、住民の九割が村外へ転出することが決まっていた。3 月 30 日に開かれた「おわかれ会」には住民約 150 人をはじめ、村長、議会関係者なども出席。区長と村長の無念をにじませる挨拶に続いて、テーブルを囲んでの宴席となった。思い出話などしながら涙ぐむ人もいた。長年の反対運動の末のおわかれ会に、参加者の心境は複雑だったことだろう。〈土佐郡大川村船戸・昭和 43 年・『大川村史追録　別冊写真集おおかわ』（大川村）より〉

7 暮らしを支える産業

田植えと稲刈りが同時に行われる土佐の風物詩である稲の二期作は、大正から昭和にかけて南国市周辺を中心に高知平野周辺に普及し、特に戦後の食糧増産政策は作付面積や生産量を拡大した。二期作最盛期の昭和三十五年頃は、県の水稲作付け面積の約一割（約四、五〇〇ヘクタール）を二期作が占めていた。しかし、高度経済成長が本格化する同三十七年頃から就農人口は減少し、それに伴い生産量も減少する。その後は国の減反政策により次第に衰退、いまはその姿を見ることはなくなった。

キュウリやナスなどの促成栽培も、明治の頃から積極的に進められてきた。もともと高知の海岸地域では製塩が副業として行われていたが、小規模だったことから生産性が低く、大蔵省専売局長に就任した浜口雄幸は塩田廃止にふみきった。そこで塩田の廃止で困った農家はキュウリやナスの促成栽培に取り組んだのだ。以来全国に先駆けて農産物の規格統一など販売促進に努め、京阪神市場などで高いシェアを誇るまでにこぎつけた。

昭和三十年代にビニールハウスが急速に普及し、冬場の温暖多照の気候を生かしての促成栽培が定着する。同四十年代半ば以降二度の石油危機で苦しい時期はあったが、品種改良や新製品の開発、輸送網の拡大などの努力によって、同五十年代には「園芸王国土佐」といわれるようになった。

全国一位の森林率を誇る本県にとって林業は主要産業である。藩政期には御留山として藩が管理し、明治になってからは官林（国有林）となり、藩や国の財政を潤してきた。大正から昭和にかけて県内各地に森林鉄道が走り、多くの木材が搬出された。ことに戦後復興期には、木材が伐採され全国に輸送された。

高度経済成長期には建築用材の需要も見込まれたため、伐採跡地へのスギやヒノキの植林が行われ、森林の六五パーセントが人工林となった。昭和四十年代は、全国住宅着工戸数が過去最高を記録するという活発な木材需要に支えられたが、のちの輸入材の増加が与えた林業への打撃は大きかった。

木炭も近年まで本県の重要産品として大きな位置を占めていた。

（宅間一之）

▲早乙女たちが一服休憩　麦藁帽子にモンペの作業服、腕抜きも忘れてはいない。当時の早乙女たちの標準的な田植えの服装であったろう。ヒトセマチ（田んぼ一区画）植え終えての一服。皆の笑顔の白い歯が印象的な休憩のひと時である。〈南国市久礼田・昭和36年頃・提供＝澤村茂氏〉

▲牛を使っての水田作り　二期作地帯の農家の中には、役牛は飼育せず、春と夏の必要な時のみ賃借り牛で水田を耕す者が多かった。この牛が賃借り牛かは不明であるが、動力耕耘機にとって代わられる最終時期の光景である。昭和26年ごろから牛耕は減少し、同35年頃には牛耕水田の長閑な風景は、発動機の音が聞こえる風景へと変わっていった。〈南国市・昭和27年・提供＝南国市〉

▶大型乗用トラクターで田んぼを耕す　昭和40年になると、もう水田には大型乗用トラクターが登場している。牛耕から耕耘機、トラクターへと農業の近代化は進んでいった。特に南国市には協和農機、鈴江農機製作所など農機具のメーカーがあり、国内だけでなく東南アジアまでその販路は拡大された。〈南国市片山・昭和40年・提供＝南国市〉

▶二番稲の籾まき　二期作地帯の二番稲の苗代への籾まき風景である。板笠《いたがさ》をかぶり暑さを避けた２人の農夫が、籠《ミソコシ》に種籾を入れ、幅広い畝に両方から蒔いていく。隣の畑ではタバコの葉が成長を続けている。〈南国市・年代不詳・提供＝南国市〉

◀田植えの風景　田植えの時期は農家にとって作業が集中して忙しい時期でもあり、隣近所の早乙女を動員して共同で行う。この地区では当時、早乙女は１反植えて一人役と言われたそうである。当日は苗取り、縄引き、苗配り等の作業を分担し合った。〈南国市久礼田・昭和36年頃・提供＝澤村茂氏〉

▶二期作で有名な香長平野　真夏の稲刈り風景である。大きな麦藁帽子を被り、背中にはい草を織った「背負いごも」で暑さをしのいでいる。そして隣の水田には水が張られ、二番作目の田植えの準備も整えられている。〈南国市稲吉・昭和48年・提供＝南国市〉

▲二期作二番作の田植え風景　苗床で取られた苗は一握りくらいに藁で縛られ水田に運ばれる。田植えの苗配りは、配り人の目安で適当な間隔で投げられるため、水田に配られた苗は立っているものもあれば倒れているものもある。真夏の田植えは、暑くて厳しい作業であった。〈南国市・昭和35年・提供＝南国市〉

◀炎天下の稲刈り　暑さを和らげるため、い草で編んだ背負いごもを着けて稲を鎌で刈り、2日ほど干してから、農閑期に藁を綯って作った縄で束ねていく作業。稲刈りが終わるとすぐ耕して二期作が行われた。〈香美市土佐山田町・昭和30年代・提供＝野村征子氏〉

▲わらぐろのある風景　写真手前には、刈り取られて根元だけ残した稲株の上に稲束が転がっている。畦を隔てた畑地には収穫された稲束が運ばれ、順次積み上げられようとしている。両親の作業を手伝う少女の姿もある。朝早くから暑さと土と汗にまみれての忙しい農家の一日。畑地にはトウモロコシも育っている。〈南国市・昭和32年頃・提供＝南国市〉

▲タデ掛け　刈り取った稲を乾燥させるために、竹で足場を組み、渡した木に稲束をかけて、数日間天日に当てる。当時は刈り取り時期が遅く、台風などの影響で稲が倒れ、穂先が濡れていることが多かったことから、乾燥は必須であった。また、天日に当てることにより、美味しさも増した。今ではこの作業はほとんど見られない。〈香美市物部町中上・昭和46年頃・提供＝公文操子氏〉

▼脱穀作業　集められた稲から、もみ米を選別して脱穀している。歯のついたドラムを足で踏んで回転させ、そこに稲束を差し込み、もみ米を落として脱穀する。排出口から出てきたもみ米は次の行程に行く。〈香美市物部町中上・昭和46年頃・提供＝公文操子氏〉

◀もみ殻を除去する作業　脱穀米の稲わらなどの不要物を、唐箕《とうみ》と呼ばれる道具を使い選別する。手回しで風を送り、不用物を飛ばして除去してから、もみ米だけを取り出す。いまでは見ることの少なくなった脱穀機や唐箕などの道具は、のちに民俗資料として高知県立歴史民俗資料館が収集。旧大栃高校で保管され、現在は期間を決めて一般公開されている。〈香美市物部町中上・昭和42年頃・提供＝公文操子氏〉

▲鈴江農機製作所本社工場前でトラクターの試運転　南国市の農機具メーカー鈴江農機製作所の第1号トラクター。水田ではトラクターとして使用でき、車輪を替えて荷台を取り付けると、写真のように人も荷物も運べる。女性でも簡単に運転できるうえ、大人の男性5人を乗せても悠々と運ぶことができる。「新進気鋭のトラクター」と自慢の声が聞こえそうな試運転風景である。当時、「農機具は鈴江じゃないといかん！」という農家も多かった。〈南国市後免町・昭和30年頃・提供＝安丸成功氏〉

◀大篠中学校でのトラクター実習　稲の刈り株が残る水田から、けたたましい発動機の音が聞こえてきそうな風景である。南国市独特の賃借り牛に代わって動力耕耘機が普及してきた時期。真夏の日、水田用の金輪にはき替えて操作する人、見守る人、ともにやや不安気な雰囲気が感じられる。〈南国市大そね・昭和31年・提供＝山本温美氏〉

▲中上集落での畑仕事　まとまった広い土地のない山間地域では、狭い場所を段々にして平地をつくり、開墾して作物を植えた。たいへんな作業だったことがうかがわれる。現在、中上集落の戸数は0である。〈香美市物部町中上・昭和45年頃・提供＝公文操子氏〉

▶畑の肥料づくり　山で刈った下草などを束にして断裁している。断裁した下草などは堆積して醗酵させ、堆肥として畑のいい肥料になった。〈長岡郡大豊町・昭和30年代・提供＝豊永郷民俗資料館〉

◀**ビニールハウスの菰かけ**　南国市では明治33年頃から海岸地域の気候を利用した促成栽培が盛んであった。終戦直後の昭和21年頃には、早くもナスの加温栽培が再開され、同27年には十市地区で農業用ビニールが導入されている。写真は同40年頃、夜間の温度の低下防止のためビニールハウスへ藁製の菰をかけている光景である。〈南国市十市・昭和40年・提供＝南国市〉

▶**農作業用の鎌を研ぐ**　今は稲刈りにはコンバイン、草刈りには刈払機を使うため登場する機会は少ないが、当時、鎌は農作業には欠かせない大切な道具だった。切れ味が悪くなると砥石で研いで手入れをする。農家にとって日常の作業である。〈長岡郡大豊町・昭和30年代・提供＝豊永郷民俗資料館〉

◀**土間で醤油の仕込み作業**　醤油の仕込みのため、炒った大豆を石うすで挽く。これに蒸した麦に糀菌を付けて醤油糀を作る。ここに塩、水を加えて発酵させると醤油ができる。仕込んでから毎日攪拌し、半年かけて仕上がる。農家では、自分の家で使う分は、収穫したもので作った。〈香美市土佐山田町・昭和60年・提供＝阿部政敏氏〉

▶促成野菜の出荷箱詰め風景
昭和27年に農業用ビニールが導入されてから栽培技術の進歩が著しかったのがキュウリ、ナス、トマト、ピーマンであった。山と詰まれた「土佐キュウリ」の箱に次々とキュウリが詰められ出荷されていった。詰め子と呼ばれる人たちが選別しながら5キロ単位での箱詰め作業。〈南国市浜改田・昭和40年・提供＝南国市〉

▲スイカの共同出荷風景　スイカが運送中に割れないように、藁で編まれた専用の「ふご」で包まれている。この三輪トラックは、左右2分割式のフロントガラス、後輪のダブルタイヤ、またウィンカーが腕木式方向指示器であることから、今はなき高知県自動車工業（のちにトクサン自動車工業）の「土佐号」で1950年前後の写真ではないかと思われる。この車の写真が残っているのはとても珍しい。〈南国市・昭和20年代・提供＝南国市〉

◀葉タバコの育苗温床　高知県での葉タバコ栽培発祥の地は南国市だという。家族総出で育苗温床の管理作業中である。温床への風当たりを防ぐため藁で柵を作り、丹念に育苗してから畑地に移植、本格的な葉タバコに仕上げられる。〈南国市久礼田・昭和30年頃・提供＝澤村茂氏〉

▶葉タバコの乾燥準備　タバコ畑から採取してきたタバコ葉は乾燥室に吊るして加熱し、乾燥させる。その準備作業で、吊るす縄のヨリをゆるくし、その隙間にタバコ葉を差し込んでいく。昔はタバコ農家それぞれが乾燥場を持っていたが、その後、農家数の収穫量も減少し共同の乾燥場で乾燥するようになった。〈南国市・年代不詳・提供＝南国市〉

◀梶《かじ》を蒸す前に休憩　和紙の原料となる梶、楮《こうぞ》、三椏などの木を右に写っている大きな桶の中で蒸して、木の皮を剥ぎやすくする。桶に入れやすくするために、木を束ねる作業が一段落ついたところ。これから湯を焚いて大変な作業をする前に、ひと休みしている。〈長岡郡大豊町川井・昭和44年頃・提供＝小松恭子氏〉

▶梶の木を蒸す　紙の材料となる楮は、藩政時代から山間地域の重要な換金作物とされてきた。切り取ってきたクワ科の梶を、皮と木に分ける皮剥ぎを容易にするため、写真のような蒸し器で蒸す。現在は、剥ぎ取った皮をパルプ紙の原料にする。〈香美市物部町桑ノ川・昭和60年頃・提供＝後藤孝志氏〉

▼惣次谷での梶蒸し作業　和紙の原料は楮が有名であるが、梶は楮の原木である。梶蒸しは和紙作りの最初の作業であり、1～2月頃梶の木を切り、生木を小束に束ね、逆さに吊るした大桶の中に入れ、大釜で蒸して皮を剥ぎ取る。桶《おけ》蒸《む》しとも言う。山村では古くから行われた作業であり、梶は和紙の原料として山村の大切な収入源であった。〈土佐郡土佐町・昭和48年・提供＝土佐町〉

◀**蚕農家の作業風景①**　明治以来、養蚕は農家の収入源だったため、桑畑はもちろんのこと、場所によっては田を畑にして蚕のエサとなる桑を栽培した。蚕は小さい体ながら大食なので、写真の「えびら」と呼ばれる容器で、大量の桑の葉を与えて育てた。大正末から昭和20年頃までは軍需要として生産が増加したが、その後は衰退し、今に至る。〈香美市物部町中上・昭和50年頃・提供＝公文操子氏〉

▼**蚕農家の作業風景②**　もうすぐ糸を出す蚕を選別している作業中と思われる。蚕の体が透けて見えるようになると、まぶし（蜂の巣状の繭を作る部屋）に1匹ずつ移す。「お蚕さん」と呼ばれて大事に育てられ、温度調節にも非常に気を遣っていた。〈香美市物部町中上・昭和50年頃・提供＝公文操子氏〉

▼炭俵を担いで運ぶ　男性が背負子に括り付けているのは木炭の入った俵。現在の徳島県三好市東祖谷古味と境を接する物部町笹の山中の炭窯から木馬《キンマ》道まで運び降ろした。杖で支えているとはいえ、これだけの荷物を背負ってバランスを取りながら坂を下るのは、たいへんな重労働だった。〈香美市物部町笹・年代不詳・提供＝和田栄美子氏〉

▲蚕の飼育部屋　下に敷きつめられた桑の葉を、蚕が食べてみるみる成長していく。その向こうに蚕棚がある。町内各地の家庭では養蚕が大きな収入源であった。〈長岡郡大豊町・昭和30年代・提供＝豊永郷民俗資料館〉

▼瓦製造の粘土を掘り出す　香南地区は、原材料となる粘土が豊富で入手しやすかったため、古くから瓦製造が発達した。昭和50年代に造成されて東部住宅団地（現みどり野団地）となったあたりでも、この頃までは田を採掘して粘土を取りだし、瓦の製造が行われていた。〈香南市野市町みどり野・昭和32年〉

◀地曳網巻上げ機　砂浜での地曳網は大勢の人が力を合わせて引くのがふつうであるが、ディーゼルエンジンが付いた巻上げ機を備えている網元もあった。〈南国市十市・昭和30年頃・提供＝南国市〉

▲砂浜での地曳網　昭和30年代頃までの前浜、浜改田、十市（現南国市）の海岸では、人力で地曳網漁が行われていた。手漕ぎ舟に網を積んでかなり沖まで出て海に投げ入れ、曳綱を陸まで運んだ。大勢の人が力を合わせて「エッサ、エッサ」と引くと、たくさんの小魚が獲れた。〈南国市十市・昭和33年・提供＝南国市〉

▶赤岡の浜での親方と曳子の地曳網漁　大漁の時には皆で一生懸命に引いた。見るからに、網が破れんばかりの大漁である。地曳網漁のようすは「どろめ網曳歌」に残っている。「どろめ大漁じゃ　大漁じゃよいと曳け　よいとこねえさん　おこしでふんばれ…」。〈香南市赤岡町・昭和25年頃・提供＝竹村暢文氏〉

▼地曳網漁のひとコマ　曳子たちだろうか、魚を寄り分けたり、網を干したりしている。奥には魚を桶に入れて運んでいる男たちがいる。曳子は、取れた魚を駄賃代わりにもらい、量が多ければ遠くへ販売する者もいた。赤岡には「塩の道」があり、その道を通り物部の方まで行商する者もいた。〈香南市赤岡町・昭和25年頃・提供＝竹村暢文氏〉

◀チリメンジャコの天日干し　十市の東隣の浜改田の海岸でも地曳網漁が盛んで、毎日たくさんのジャコが天日干しされていた。現在は浜全体の砂が波で流されるのを防ぐため、多くのテトラポッドが置かれており、地曳網はできない状態である。〈南国市浜改田・昭和40年・提供＝大湊小学校〉

▲露天のウナギ養殖池　男性が手にしているのは、冷凍サバなどを解凍したもの。まだ現在の養殖場で与えているような配合飼料がなかったため、ウナギのエサとしてこうした魚を与えていたという。〈南国市国分・昭和40年・提供＝南国市〉

▶「きりめ」の製造 根昆布をえびらの上に並べて干している。当時、手結のあたりに「きりめ」を製造する家が1軒だけあり、地元の商店などに商品として卸していた。地元では根昆布を乾燥させたものを「め」と呼んでいた。〈香南市夜須町手結・昭和40年頃・提供＝香南市夜須公民館〉

▲シイラのみりん干し風景 シイラは高知県でよく食べられる白身魚。夜須町では戦後、浮き魚礁をつくって、海岸から50～80キロほど離れた沖合に沈め、夏から秋口に回遊してくるシイラが魚礁に集まったところを獲るシイラ漬け漁法が盛んとなった。写真は、みりんダレに3日ほど漬け込んだシイラを干しているところ。〈香南市夜須町手結・昭和38年・提供＝香南市夜須公民館〉

フォトコラム

石灰工業

石灰は古来、紙、鰹節、珊瑚とともに、土佐の名産に数えられており、とくに南国市では、重要な産業となっている。石灰の製造は慶長年間に山城の人、権之右衛門が高知城下でカキやシジミの殻を焼いて、貝灰をつくったのにはじまるという。

しかし本格的な石灰製造が行われるようになったのは、享保十五年（一七三〇）、種崎町の呉服商人であった美濃屋忠左衛門と大和屋左右衛門が、介良（現高知市）の地獄谷と、下田のムカイ谷で、石灰石から石灰を焼きはじめてからのことである。

文化十三年（一八一六）には、羽根浦の柳屋金十郎が下田で石灰業をはじめ、たまたま下田に来た阿波の徳右衛門が、新しい阿波流の石灰製造法を伝えて、ますます盛んになったといわれる。

さらに、文政二年（一八一九）、桜屋の入交太三右衛門（現在の南国市田村出身）が下田で本格的な石灰業の営業に乗り出し、石灰を稲作の肥料として普及させることに成功した。これによって、石灰の需要は急激に増加していった。

高知県では、石灰の資源が南国市下田をはじめ、亀岩、奈路、白木谷などで多く産出され、それらを原料とした石灰業、セメント業が盛大に発展している。なかでも南国市稲生地区は、良質な石灰の鉱脈があり、江戸時代から続く県内随一の石灰工業地帯として現在に至っている。

しかし、その繁栄とともに石灰の白い灰による公害は、衣笠地区、北地地区ばかりでなく、稲生の全域にわたって被害を生じさせてきた。そのため、地域住民との間で公害防止協定や改善勧告等を重ねた結果、稲生地区六社の共業による、重油焼成炉の完成や、土中窯の使用制限等が昭和四十六年頃に行われ、その後も各工場の集塵施設の整備や土中窯の改善などの努力がなされている。

高知の石灰は平成二十一年からはじまった姫路城の「平成の大修理」では、白鷺城（姫路城の美称）の象徴ともいえる白壁に使用されている。

（大前里奈）

▲稲生石灰山の工場周辺　石灰生産の最盛期は、常に工場から白い煙のように立ち上る灰で、工場や周辺の家々は覆われ、一年中雪景色のようであった。〈南国市稲生・昭和 34 年・提供＝南国市〉

▶稲生石灰工場の作業風景① 稲生石灰は、慶長年間（1596）頃から作られ始め、下田石灰として全国でも知られた。昭和に入って、その生産量は最大となった。〈南国市稲生・昭和34年・提供＝南国市〉

◀稲生石灰工場の作業風景② 江戸時代末期、阿波の「徳右衛門」が、四国遍路途中にこの地で倒れ、下田の人に助けられた。その御礼の気持ちを込めて、阿波方式の石灰の焼き方を教えたという。徳右衛門窯が有名である。〈南国市稲生・昭和34年・提供＝南国市〉

◀石灰を運ぶ　天秤棒を肩に担いで石灰石を運ぶ。昔、馬骨石と呼ばれていた石灰石を焼いて、石灰生産に成功し、本格的に生産が始まったのは享保14年（1729）からといわれる。〈南国市稲生・昭和34年・提供＝南国市〉

▼石灰の運搬船　江戸時代から知られていた「下田の石灰」は、下田川を利用して高知市へ運ばれた。石灰に限らず、下田川は長い間、人や物の輸送の主流であった。〈南国市稲生・昭和34年・提供＝南国市〉

8 交通機関の変遷

四国山地と太平洋に挟まれた高知県は「陸の孤島」と言われ、隣県との行き来にも海路を利用するほかなかった。このため四国山地をぬけ、瀬戸内側とを結ぶ鉄道の敷設は県民の夢であった。その悲願は、大正七年の須崎～土佐山田間、昭和十年の土佐山田～阿波池田間の完成で達成された。その後、土讃線の延伸や宇和島、窪川を結ぶ予土線も順次完成。昭和六〇年代以降は、国鉄の分割民営化の第三セクターとしての土佐くろしお鉄道株式会社の発足など、鉄道事情は大きく変化しながらも、宿毛線、ごめん・なはり線、阿佐海岸鉄道なども開業し、新たな鉄道は県民の重要な交通機関としての役割を担ってきた。

本県の陸上交通についてもその地形的要因から大きく立ち遅れていた。大正から昭和にかけて「土佐の交通王」と呼ばれた野村茂久馬の登場で高知県内のバス事業の整備の兆しは見えたが、道路整備は高度経済成長期のトラック輸送やマイカーの普及により、道路の整備が不可欠となるまで待たねばならなかった。一九六〇年代には「Vルート」として高松、高知、松山市を結ぶ国道三二、三三号が、「Wルート」として徳島、室戸、高知、中村、宇和島、松山を結ぶ国道五五、五六号が整備された。さらに中山間地域にも道路建設され、改修も拡大。さらに高速道路でつなぐ「四国8の字ネットワーク」の整備へと、輸送の増大と移動時間の短縮による産業の発展や観光振興を目指して努力を続けている。

港湾や空港の整備発展も進んだ。高知県と四国外を結ぶ交通手段は海上交通が中心であり、高知港、須崎港、宿毛港など国の重要港湾の指定を受けて整備が進み、高知県の経済発展に大きく貢献した。昭和四十六年の大阪高知特急フェリーの就航や、同四十七年の「さんふらわあ」の就航は多くの県民を喜ばせた。

日章飛行場として開設された高知空港も昭和二十九年に準定期航空路として大阪間に就航し、同四十年には東京直行便も就航。同五十八年には新滑走路が完成し、ジェット機の離発着も可能となった。

（宅間一之）

▲赤岡海岸で砂利を運ぶ馬車　当時は現在より広々とした浜が広がっていた。その奥に見えるのは、高さ約30メートルの塵焼き場の煙突。子どもたちは度胸試しでてっぺんまで登っていたのだとか。手前の浜の上を運んでいる砂利は販売するために、馬で引いている。通った場所には、よく馬の糞が落ちていた。〈香南市赤岡町・昭和25年頃・提供＝竹村暢文氏〉

◀**馬車で砂利運搬**　当時は建設資材として使用するための砂利を集める業者が3軒ほどあった。大雨や台風で河川が増水すると多くの砂利が浜まで運ばれた。馬車で運ばれた砂利は近くの砂利置き場に持っていかれ、取引されていた。〈香南市赤岡町・昭和25年頃・提供＝竹村暢文氏〉

▶**自転車に乗って**　荷台に荷物をくくりつけて出かける途中、烏川に架かる一本橋の上で撮った写真。自転車のフレームは逆三角形をした男物が主流の時代。サドルに座らず、三角形の中に足を入れて器用にペダルを漕ぐ子どももいた。〈香南市吉川町古川・昭和30年頃・提供＝増井はつ子氏〉

◀**自転車は自家用車**　自動車の運転免許を持っていなかったこの男性にとって、自転車は移動や運搬のための大切な“自家用車”であった。子どもたちはそんな自転車にあこがれて、子ども用の自転車などない時代、こっそり路地で父親の自転車に乗り、ケガをし、自転車を壊して大目玉をくらった。〈香美市土佐山田町西本町・昭和32年・提供＝久保田晴子氏〉

▶戦後の復興を担う平和の象徴　現在の土佐山田町中央公民館の向かい側あたりにあった西口石油店の店舗風景。前の道路は現在国道195号となっているが、昭和40年頃までは未舗装の狭い道路だった。そこで戦後、石油店を営んでいた西口朝男氏の店舗。まだ自動車の普及していない時代、ガソリンスタンドという営業形態ではなく、ガソリンは店側がお客に配達していた。2台写っているのが配達用のスクーターで中日本重工業（現三菱重工業）が製造開始したシルバーピジョン。平和の象徴のハトにちなんだ車名で、富士重工のラビットスクーターとともに戦後の庶民の足として活躍した。〈香美市土佐山田町宝町・昭和28年頃・提供＝香美市〉

▼木製吊り橋の戸板島橋　昭和24年に完成した戸板島橋は、コンクリート製の橋脚で木製の床を吊る構造だった。車も片側通行で通行できるようになっていたが、車が通るたびに橋が揺れて、渡るのが恐ろしかったという。写真は山田側から野市側を写したものだが、天秤棒で荷物を担いで橋の中央を歩く人の姿が堂々としている。まだまだ人が主役の橋で、同48年に現在の橋に架け替えられるまで、地域の人びとの生活にとって欠かせない吊り橋だった。〈香美市土佐山田町戸板島・昭和40年頃・提供＝香美市〉

▶新車で別府峡に向かう　この日初めて買ったヤマハの新車で南国市立田の自宅から別府峡へのツーリング途中である。未舗装の砂利道に砂塵が上がる。ヘルメットにゴーグル、革ジャンの本格的スタイルである。昭和30年代後半、バイクはホンダ、スズキ、ヤマハ、カワサキなどをよく見かけた。皆好みに応じ自慢の愛車で走った。〈場所不詳・昭和36年・提供＝秦泉寺真行氏〉

◀オートバイにまたがって　草履を履いた男性がまたがっているのは愛知県名古屋市にあったオートバイメーカー伊藤機関工業のIMC M型。当時のオートバイメーカーは他社製のエンジンを自社製のフレームに搭載するアッセンブリーメーカーが多かった。IMC M型も川崎航空機製のエンジンを搭載して昭和30年に発売された。〈香南市吉川町吉原・昭和30年頃・提供＝増井はつ子氏〉

▶オート三輪トラック「くろがね」　2人の男性とともに写るのは、水牛のエンブレムに「くろがね」のプレートが懐かしい、日本自動車工業（旧日本内燃機製造）のオート三輪トラック「くろがね　KGL3型（1957年式）」。服装から判断すると、左の男性がドライバー。オート三輪のメーカーとしては東洋工業（現マツダ）、ダイハツのライバルとして競い合ったが、昭和34年に東急くろがね工業と社名変更したのち、同37年に自動車生産から撤退した。〈香南市野市町・昭和30年代〉

▶乗り物も珍しい漁家風景　男性の前掛に見える「カネ清」は、チリメンジャコを扱う商店であった。車は、三輪軽トラックの三菱レオ、スクーターはシルバーピジョンC90。これらはダイハツミゼットやラビットスクーターと並ぶ当時の人気車種である。背後に積まれた木材は、チリメンジャコをゆがくために準備された薪であろうか。〈南国市十市・昭和35年・提供＝南国市〉

▲後免町電車通りの風景　中央奥からこちらに向かって三輪トラックが走ってくる。右側から交差点に差し掛かる荷物満載のトラックも、前輪の影が一つしか見えないので三輪トラックだろう。昭和37年の発売以来10年以上にわたって販売されたマツダT2000と思われる。大きな荷台の割りに小回りが利く人気の車種だった。〈南国市後免町・昭和40年・提供＝西内晴正氏〉

◀浜田ハイヤー本社前　土佐山田駅南側の駅前から南へと続く道の東側の浜田ハイヤー、手前の車は当時はやっていたダットサン。隣の角にはあさひ軒という食堂があり、道を挟んだ西向かいには香陽ハイヤーがある。香陽ハイヤーの南隣には駐輪場があり、朝夕通勤・通学の人びとが大勢利用していた。〈香美市土佐山田町東本町・昭和28年頃・提供＝香美市〉

▶ハイヤーは高嶺の花　昭和16年に設立された香陽ハイヤーは、現在も香美市のJR土佐山田駅前で営業している。写真の左ハンドルの車はダッジ・ウェイファーラー。復興期のタクシー業界では進駐軍払い下げのアメリカ車をよく目にした。まだハイヤーを使うのは町長や結婚式の新婦ぐらいだった。ホワイトタイヤを履かせたダッジの運転席で、ちょっと嬉しそうな女性の気持ちが理解できる。〈香美市土佐山田町西本町・昭和28年頃・提供＝香美市〉

▶**促成野菜を貨物列車に積み替え**　南国市南部の浜改田で収穫した野菜を県外出荷するために、トラックで駅まで運んできて、貨物列車に積み替えている。このクラスのトラックでボンネットタイプは少なくなった。〈南国市浜改田・昭和41年・提供＝南国市〉

▲**物部川に架かる旧香我美橋**　昭和48年に現在の橋に替わるまで、県中心部と香美郡東部を結んでいた橋。全長80メートルの橋を二カ所の橋脚で支える構造だった。交通量も増え始めた頃で左側の香北町、物部村からは木材や人びとの通過点として要衝となっていた。撮影地の雪ヶ峰は、当時桜の名所で春には花見客で賑わっていた。手前の桜の枝にはまだ蕾らしきものが見えないので、早春に下見に行った時に撮影したものだろう。〈香美市土佐山田町談義所・昭和43年・提供＝尾田安広氏〉

▲旧吉野橋を渡るバス　土佐町田井から本山町七戸冬の瀬行きのバスが、汗見川に架かる吉野橋を渡っている。本山町では昭和33年から県交通バスが乗り入れ開始された。現在も、冬の瀬へは朝、昼、夕方と1日3便が汗見川沿いを走っている。写真の吉野橋のすぐ下流に同43年に架けられた吉野橋があり、近年歩道（吉野きらきら橋）も整備されて、旧吉野橋は撤去される予定。〈長岡郡本山町吉野・昭和32年頃・提供＝永野和稔氏〉

▶戸板島線の土佐電鉄バス　大日寺から大谷方面を望む田園風景の中をボンネットバスが走る。戸板島線は、昭和24年に戸板島橋が架橋され県道が整備されたのに伴い、野市駅と土佐山田駅を結ぶ路線として計画された。同28年に土佐電鉄バスが運行開始した。〈香南市野市町母代寺・昭和33年〉

▲桜咲く鏡野公園に県交通の貸切バス　バスから折包みを持って降りる女性たち。その表情からも花見を楽しみにするようすが感じられる。公園内には屋台が立ち並び、所狭しと陣取った花見客の宴会が繰り広げられていた。今は高知工科大学の正門に続くこの道は半分ぐらいの道幅になっているが、両側の桜とカイヅカイブキの並木道は変わらない。〈香美市土佐山田町片地・昭和45年頃・提供＝野村征子氏〉

▼国鉄バス　鉄道省が昭和10年1月25日、大栃までの省営バスを開通させた。その後、順次、影や五王堂などへの支線もでき、住民の足となった。戦後、昭和24年に日本国有鉄道が発足すると国鉄バスとなり、同62年に国鉄分割民営化に伴ってJRバスとなった。地域の過疎化、自動車の普及が進み、路線の廃止を余儀なくされ、現在では土佐山田・大栃間のみの運行となった。〈香美市物部町大栃・昭和35年頃・提供＝後藤孝志氏〉

◀土佐電鉄バス　戦後、夜須町に初めて通ったバスは、昭和29年、手結～国光間を結んで走った土電バスだった。翌年には細川へも運行が開始されたが、地元ではさらに羽尾までの乗り入れを要望して陳情を重ねた結果、念願叶って羽尾までの路線が開業したのは同39年のことだった。〈香南市夜須町・昭和40年頃・提供＝香南市夜須公民館〉

▲土佐山田駅前に並ぶバス　土佐山田駅は、昭和10年に自動車線が開業されると、高知駅の次に乗客数が多い主要な駅となった。観光バスや国鉄バスがたくさん並んでいる。右端のボンネット型のバスは20人乗りで、道の細い路線を走っていた。当時は運転手のほかに車掌が乗務して、切符にハサミをいれていた。〈香美市土佐山田町東本町・昭和39年・提供＝香美市〉

▶東部自動車学校で大型免許教習中 大型トラックの運転席から身を乗り出して、後方を注視している。慣れない大型車での縦列駐車か方向転換の練習に真剣な表情。〈香南市野市町西野・昭和41年・提供＝小松敏秀氏〉

◀マイカーで花見に 土佐山田町宮ノ口の種馬所（現在の鏡野公園）に花見にいった時のひとコマ。軽乗用車の登場で、自動車が一般家庭にも普及した頃。それまでは自宅から近い八王子宮の桜を楽しんでいたが、少し遠くても自家用車で気軽に出かけることができるようになった。手前がホンダＮⅢ360で、奥はトヨタクラウンスーパーデラックス。〈香美市土佐山田町宮ノ口・昭和45年頃・提供＝野村征子氏〉

▶地元でも遠い観光地 正月に家族とご近所さんで龍河洞へ観光に。マイカーブームが始まり、休日はこぞって家族でドライブに出かけた。龍河洞は地元だが、高度経済成長とともに入洞者も急増し、駐車場はいつも満車で地元民でさえ近寄りがたかった。未舗装の駐車場に昭和39年型ダットサン・ブルーバードのタクシーや三菱ミニカ360、その向こうには日産セドリックなどが並んでいる。〈香美市土佐山田町逆川・昭和40年頃・提供＝尾田安広氏〉

◀ツイッギースタイルの少女といすゞベレット1600GT　1960年代、「ミニスカートの女王」として日本の若い女性の憧れとなったイギリスのモデル、ツイッギー。象徴的なショートカットとミニスカート姿の女性は、当時賑わいを見せていた土佐山田の商店街にも現れた。写真は白黒だが真っ赤な2灯式のベレットがよく似合う。〈香美市土佐山田町西本町・昭和42年・提供＝武内節子氏〉

▼自宅前で自家用車に乗って　家族が揃って一緒に記念撮影する車はダットサン・サニークーペ1200GX。この年発売されたばかりの新車である。当時はトヨタカローラと並び、人気車であった。トヨタが1000ccの初代サニーに対して1100ccの初代カローラを「プラス100ccの余裕」のコピーで発売すると、日産が対抗して1200ccのサニーを発売。「隣の車が小さく見えます」という広告のコピーが話題となった。〈香南市香我美町山川・昭和45年・提供＝小松敏秀氏〉

◀愛車のボンネットに子どもを乗せて　ドイツの高級車メーカーBMWは、昭和56年にBMWジャパンを創設。その姿は車好きの人びとの目を奪ったものだ。ボンネットに小さな子どもを乗せて撮影した写真も、この時代、多く見られる。〈香美市土佐山田町須江・昭和61年・提供＝濱田愛華氏〉

▲狭い道をダンプが走る　かつての県道香北赤岡線で、下地付近。現在は一部県道231号となっている辺りを南から北へ見ている。県道とはいえ両側には商店や民家が軒を連ねており幅は狭い。ダンプカーのすれ違いには苦労したことだろう。〈香南市野市町中ノ村・昭和45年〉

▶南国バイパスの野市〜赤岡間が完成　昭和38年に国道に昇格となった55号も、同40年代に入るとすぐに交通渋滞対策が必要となるほど混雑した。そこで高知市葛島橋西詰から赤岡町青木までの「南国バイパス」が計画された。野市町東野〜赤岡町青木間は同44年着工、区間すべてを4車線とする工事が同47年に完成した。高知市葛島橋西詰までの全線が開通したのは翌48年であった。〈香南市野市町・昭和47年〉

▲飛行場滑走路でのイベント　昭和39年11月22日、日章飛行場（現高知龍馬空港）開設10周年記念の航空ページェントが開催され、自衛隊機と民間機合わせて12機が参加した。新し物好きの父親が家族とご近所を連れて見学に出かけた。当時まだ身近な乗り物でなかった飛行機が間近に見られるとあって、結構な人だかりができていた。手をつないだ男の子と女の子の後方には陸上自衛隊のセスナ機。写真は白黒だが真っ赤な日の丸と濃い緑色の機体色は今でも記憶に残っているという。〈南国市久枝・昭和39年・提供＝尾田安広氏〉

▶これから電車に乗りに　現在、ドラッグストア「mac野市店」がある南北の道を野市駅に向かって歩いている。当時この道はまだ狭く、舗装されていなかった。土電安芸線を3両編成の電車が通過している。線路を越えた北には野市商店街の通りが駅前まで通じているが、駅へ直行するときは、まだ高架化していない線路脇の狭い道を通ったものだ。〈香南市野市町西野・昭和42年・提供＝宮﨑壽美江氏〉

▲**土佐電気鉄道安芸線の野市駅①**　利用客たちは、日差しを避けて軒下のベンチで電車を待っている。この頃は、お遍路姿で電車を利用する人も多かった。昭和34年、国鉄による阿佐線の建設が鉄道審議会で決定され、同41年に安芸市で起工式が行われるという流れのなかで、土佐電気鉄道安芸線は同49年に廃止となった。〈香南市野市町西野・昭和32年〉

◀**土佐電気鉄道安芸線の野市駅②**　通勤通学の時間帯には、安芸〜高知市境川を結ぶ直通の路面電車（軌道線）が走っていた。左手前の低いホームが軌道線用のもの、右奥の階段を数段のぼった高いホームは鉄道線の車両用ホームで、後免町駅で軌道線に乗り換える必要があった。〈香南市野市町西野・昭和42年・提供＝宮崎壽美江氏〉

◀**物部川鉄橋を渡る土佐電気鉄道の電車**　大正9年に設立された高知鉄道により後免～手結間が同13年に開通、その後昭和5年に手結～安芸間が開通して後免～安芸間の全線が運行された。高知鉄道は同16年に土佐交通、同23年に土佐電気鉄道へと社名変更し、24年には安芸線の全線電化が実施された。写真は三連で物部川鉄橋を渡る土佐電気鉄道の600形。〈香南市野市町深渕・昭和40年代〉

▶**土佐電気鉄道の古川駅**　高知行きの電車を待っている子どもたち。カメラを向けると、この時代の子どもたちは自動的に「シェー」と言って手足をくねらせる。当時大流行していた赤塚不二夫原作のマンガ「おそ松くん」に登場するイヤミのポーズである。現在、この駅は、土佐くろしお鉄ごめんなはり線の「よしかわ駅」である。〈香南市吉川町古川・昭和41年・提供＝増井はつ子氏〉

◀**土佐電気鉄道安芸線の手結駅**　昭和24年に安芸線の電化を実現し、同29年には高知市内へ直通電車の運行を開始した。こうして経営が軌道に乗ったかに見えた土電だったが、自動車が普及しはじめると同38年をピークに利用客が減少、時代の波には逆らえず、同49年に廃線となった。〈香南市夜須町手結・昭和49年・提供＝香南市夜須公民館〉

▶土讃線で一番高い繁藤駅
昭和38年、天坪駅から改名された繁藤駅は、海抜350メートルで土讃線で最も高い位置にある駅として知られる。駅名変更の際には、よく雨が降るという意味から「雨坪」の字をあてて記載された地検帳もある地名を後世に残すべき、との声も聞かれた。昭和47年7月5日、大雨により繁藤の山崩れが起こり、地名の含意するところが思い起こされた。〈香美市土佐山田町繁藤・昭和39年・提供＝香美市〉

▲土佐山田駅で貸切列車に乗り込む観光客　「団体専用　RESERVED」の表示がある車両付近のホームで待つ大勢の観光客。長崎県佐世保市からの団体だったという。この頃、最も多い年は80万人が訪れていた。駅からはバスや自動車に乗り換えて龍河洞へ向かうため、龍河洞から楠目の辺りまで渋滞した車の列が続くこともあったという。〈香美市土佐山田町東本町・昭和37年・提供＝香美市〉

▲**土讃線新改付近**　四国に2つしかないスイッチバック式の駅として知られ、写真を撮りに来る鉄道ファンが多い。急な勾配の線路上を走るため、汽車の前に乗務員が2人で砂袋を抱えて乗り、砂を線路に撒いて滑り止めにしながら走った。昭和22年、地元民の熱烈な要求に応えて新改駅が誕生。同31年に「しんかい」から「しんがい」に駅名の読み方が変更された。〈香美市土佐山田町新改・昭和55年頃・提供＝香美市〉

▶大栃林用軌道別府線　昭和９年に物部町大栃を基点として大栃別府間に軌道を敷設し、物資や人を運んだ森林軌道。交通手段のない時代、大きな材木を載せた車両が何台も連結し、爆音を立てて走る姿は、「おらんくのトロ」と住民に親しまれた。〈香美市物部町別府・昭和20年頃・提供＝上池ひろえ氏〉

◀軌道線の上を歩く　森林軌道は別府から南の杉熊川沿いや、北の物部川沿いへも延伸、さらに東の支流沿いにも支線を敷設した。昭和30年代後半に廃線となったというから、この写真はまだトロッコ列車が走っていた頃のもの。現在では、渓谷美の中、軌道跡をたどる廃線ウォークなどが企画されている。〈香美市物部町別府・昭和31年・提供＝山﨑ナミエ氏〉

▶ DF50型ディーゼル機関車　土佐山田駅を出て東へ向かう列車を伏原あたりから写す。当時このあたりには桑畑が広がっていた。遠く後ろに香長中央病院（旧秦病院）が民家の屋根の上に一際高く聳えているのが見える。〈香美市土佐山田町・昭和55年・提供＝香美市〉

フォトコラム

高知空港と田村遺跡群
——弥生人の足跡

高知空港は、昭和十八年に日本海軍の航空基地として誕生した。同二十九年十月、極東航空株式会社によって、高知・大阪間不定期航空路が開設され、同三十八年には滑走路も長さ一五〇〇メートル、幅四五メートルと改修され、高知の空の玄関らしさを備えた。

年を追うごとに空の利用者も増加し、空港拡張の必要性に迫られ、滑走路二〇〇〇メートルを含む現空港の三倍に拡張の計画が示された。当時、空港周辺は高知県一の穀倉地帯。昭和四十五年一月には「高知空港拡張反対期成同盟会」が結成され反対運動が展開された。しかし、関係者のたゆまぬ折衝によって、同五十三年度、総額九二億円の政府予算が計上された。

高知空港周辺には多くの遺跡が確認されており、埋蔵文化財の宝庫でもあった。したがって工事に先立つ事前発掘調査が必要であった。昭和五十四年度から発掘調査も開始され、弥生時代と中世の二時期を中心に、縄文時代から江戸時代まで約三〇〇万点もの土器や石器などの遺物が出土した。また、弥生時代前期の水田跡やおびただしい住居跡の遺構なども発掘された。

とくに弥生初頭のムラの発見に、人びとの関心は高まった。縄文から弥生への時期は、日本列島への外からの影響が大きかった。この頃の遺跡には朝鮮半島の同時代の遺跡から出土する遺物や遺構と似たものが見られるが、田村でも朝鮮半島の土器や、松菊里遺跡で発見された松菊里型住居跡が発掘された。また、弥生時代は食料となる米を計画的に育てた時代である。これを物語る前期の水田跡が、微高地から二九九枚も発掘された。一辺が二～五メートルの小区画で小規模な水田跡である。稲作技術が未熟であり、大規模な水田造成や灌漑水路など出来なかったのであろう。また水田跡からは一〇〇個ほどの弥生人の足跡も発見された。それら大小並ぶ足跡からは、親子連れでの水田見回りも想像される、じつに興味深い発見であった。

中世の環溝屋敷群の発見も注目された。現在、一四世紀から一七世紀はじめの環溝屋敷跡が三一カ所確認されている。囲んだ溝は平均して約三〇メートル、このなかにいくつかの建物が建っている。一六世紀の屋敷群は長宗我部氏の家臣団の屋敷跡と思われる。屋敷跡からは掘立柱建物跡や井戸跡、そして屋敷の中に死者を葬る特殊な屋敷墓も見つかった。屋敷神として祖霊を祀ったものであろう。

（宅間一之）

◀拡張工事前の高知空港とその周辺
滑走路の拡張前の高知空港全景である。昭和18年、日本帝国海軍の航空基地として発足、同29年から極東航空によって空の交通機関として利用された。滑走路の東端には物部川の河口があり、周辺は水田が拡がる高知の穀倉地帯の風景である。ターミナルビルらしき建造物もない時期の写真。〈南国市田村・昭和54年・提供＝宅間一之氏〉

▲南国市田村遺跡群発掘調査団　昭和 54 年 1 月 7 日、新年仕事始めの記念写真である。1 日平均 120 人の作業員によって発掘調査が進められた。反対運動も展開された中での空港拡張作業で、調査団の前には発掘された遺構が、背後には反対運動のシンボルタワーも見える。〈南国市田村・昭和 54 年・提供＝宅間一之氏〉

▶弥生前期水田跡　小さな谷状の地形を利用し、一辺の長さが 2 〜 5 メートルほどの小さな水田が 299 枚発掘された。稲作技術が未熟であり、少人数の当時の人たちの力では大規模な水田の造成や、水路の掘削などはできなかったのであろう。弥生の水田面には今日も南国の太陽が照りつける。掘られた水田面の地割れを防ぐための散水作業を行っている。〈南国市田村・昭和 57 年・提供＝宅間一之氏〉

▲竪穴住居跡の発掘作業風景　大型機械を使って発掘作業を行うと、出土する土器をこわしたり、小さな石器の発見ができなかったりする可能性があるため、作業は大部分が人力で行われる。移植ゴテや竹ベラ、ハケなどで慎重に少しずつ掘り下げる。幾百年もの時の流れを越え、当時の人たちの生活面で、使い捨てられたままの姿の石器や土器を発見した時は、古代人の息吹が感じられ、最も感動を覚える。〈南国市田村・昭和 57 年・提供＝宅間一之氏〉

◀小学生の遺跡見学　発掘された遺構は最高の教材である。県内各地の小中学校から児童生徒たちが見学に訪れ、発掘担当者から、発見された遺構や土器、石器の詳しい報告を聞き、遺跡を学んで歴史を研究する。この中から将来考古学者や歴史研究者が現れるかもしれない、と思うと調査員の説明にも一段と熱がこもってくる。〈南国市田村・昭和 57 年・提供＝宅間一之氏〉

◀調査成果の現地説明会　調査区の発掘が終わると、その成果を広く理解してもらうために現地説明会が開かれた。回を重ねるたびに参加人数も増え、最後の説明会では参加者が1000人を超えた。田村遺跡群への関心の高さを示す数字である。この中から遺跡を後世に残そうとする機運も生まれ、「田村遺跡を守る会」が発足した。〈南国市田村・昭和57年・提供＝宅間一之氏〉

▶大地を踏みしめた弥生人の足跡　発掘された水田面から、100個ほどの弥生人の足跡が発見された。足の大きさから、成人男性とすれば身長は150～155センチと推定される。大小並ぶ足跡から、親子連れで水田を見回りにきたのではないかとの推定もされた。〈南国市田村・昭和57年・提供＝宅間一之氏〉

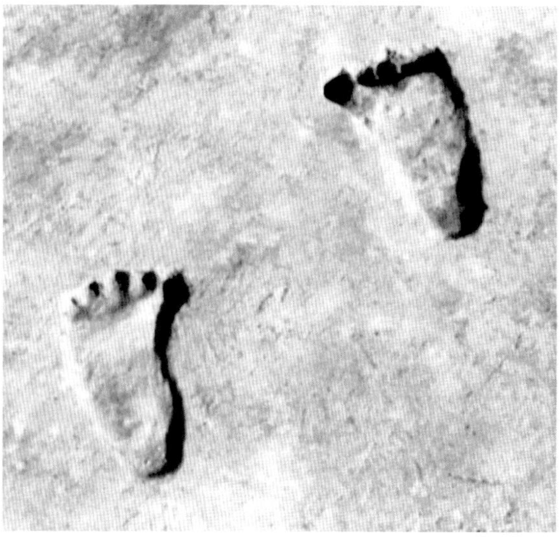

◀水田跡の切り取り作業　「田村遺跡を守る会」など多くの人たちの強い要望で、行政へ出された保存処理の請願が採択され、水田1筆の切り取り保存が実現した。水田面積4×5メートル、厚さ1メートルの水田の切り取りである。切り取る水田の底面に、長さ5.5メートル、厚さ9ミリ、内径30センチの鋼管12本を通して大地から切り離す。1本の鋼管打ち込みに5～6時間を要した。〈南国市田村・昭和57年・提供＝宅間一之氏〉

▲大地から切り離された水田跡　切り取られた水田の重量は45トン。最大能力150トンの大型クレーンによって吊り上げられた。テレビカメラも大地から離れる瞬間の水田を追い続けた。多くの人たちに見守られ、水田は待機する大型トレーラーの荷台にゆっくりと収まった。〈南国市田村・昭和57年・提供＝宅間一之氏〉

◀水田跡の運搬と保管　大型トレーラーの荷台からも大きくはみ出す水田跡。パトカーに守られて超ノロノロ運転で移動した。水田は新設予定の高知県立歴史民俗資料館に展示されることになったが、資料館の建設地はまだ未決定だった。ひとまず高知県教育委員会文化振興課南国調査連絡所脇の地中に型枠を着けたまま埋められ資料館の建設を待つことになった。〈南国市田村・昭和57年・提供＝宅間一之氏〉

9 暮らしのスナップ

国家総動員法は、経済と国民生活の全体を統制した。国民に対して「ぜいたくは敵だ！」という戦時標語のもと、生活の切りつめを強要した。綿製品の生産も販売も禁止、衣類、砂糖、マッチ、木炭などは切符制となり、米も配給制と日用品への統制は強まった。戦争開始と長期化、ことにアメリカ軍機の本土空襲の激化は、国民生活を崩壊させた。そして焦土の日本に「敗戦」の重い歴史が刻まれた。

戦後しばらくは廃墟と混乱の中での苦難の国民生活が続いた。それでも昭和三十一年の経済白書には「もはや戦後ではない」と記された。以来、日本の高度経済成長は「神武景気」「岩戸景気」さらには「いざなぎ景気」へと拡大する。国民生活の近代化も「三種の神器」から「３Ｃ時代」に象徴され、生活様式も国民の生活も大きく変わった。

高知でも昭和三十三年テレビ放送が始まり、テレビ、冷蔵庫、洗濯機などの電化製品が一般家庭にも普及して豊かで便利な暮らしが訪れた。自動車の普及や道路の整備も進められ、社会における時間と空間が短縮された。産業も農林漁業中心から重化学工業中心に変化し、エネルギー源も石炭から石油に変わり、家庭の燃料も薪や木炭から石油やガスに変わった。工業の発展は電力需要も増大させ電源開発も進められた。

本山町と土佐町の境に多目的ダムの早明浦ダムが建設されたのは昭和五十年である。吉野川下流の洪水調節や用水補給、それに四国四県の住民の生活用水確保も目指す「四国の水がめ」であった。

当地域において特記すべき事項として、大川村の白滝鉱山がある。終戦後の復興期から高度経済成長期にかけて発展を続け、昭和四十五年頃には一カ月一万トンを越える粗鋼が生産された。しかし銅価格の低迷と資源の減少で、同四十七年に閉山し、人びとは村を離れた。その後も村の人口減少は続き、二〇〇〇年代には五〇〇人を下回る日本一の小村となった。

高度経済成長は豊かで便利な暮らしを実現したが、その一方で自然環境の破壊や過疎など新たな問題も起こしてしまった。

（宅間一之）

▲モデル撮影会　昭和30年代、カメラメーカー、フィルムメーカー、カメラ店などの主催でさまざまな撮影会が開かれた。レンジファインダーに一眼レフ、上から覗く二眼レフのカメラを持つ人の姿もある。〈香美市土佐山田町・昭和30年代・提供＝久保田晴子氏〉

▲嫁入り風景　大勢のご近所に見送られ、一族、親戚の祝福を受けて門出する花嫁。白い「角隠し」に「うちかけ」の姿が、白壁の練塀や立派な門構えに映えて一層盛大な門出の風景を演出している。〈南国市西山・昭和27年・提供＝南国市〉

◀ハイヤーに乗り込む花嫁　花嫁衣裳に身を包んだ新婦の姿が美しい。門出の式を済ませ、ご近所の人びとが見守るなか、いよいよ迎えのハイヤーに乗車しようとする花嫁である。〈南国市西山・昭和27年・提供＝南国市〉

▶トラックに嫁入り道具を積んで　トラックに積み込んでいるのは食器棚や靴箱、タンスなど。当時は家で嫁入り支度を行い、ご近所総出で手伝い、花嫁の門出を祝った。〈香南市野市町西佐古・昭和34年・提供＝福田静夫氏〉

◀家族のスナップ　自宅の縁側前で子どもたちと義母と写した写真という。部屋を仕切る障子戸の前に縁側があり、右側の戸袋の中には雨戸が入っている。家族三世代がその家に住んでいるのが、平均的な家族像だった頃のひとコマ。〈南国市片山・昭和33年頃・提供＝北村敏氏〉

▶稲生石灰工場付近で見かけた風景　昭和40年代頃までは荷物を運ぶのにもっぱら風呂敷を使った。手提袋と違い、どんな形状のものでも包んで手にさげたり背負ったりすることができた。写真の女性はいったい何を背負っているのだろう。〈南国市稲生・昭和34年頃・提供＝南国市〉

▲結婚式の日に自宅前で　昭和30年代から結婚式の簡素化などが叫ばれ、結婚式の形も大きく変わっていった。式場も自宅ではなく公民館などで行われ、祝儀も参加者の会費制で行われた。写真の二人もその風潮の中で結婚式を挙げたのかもしれない。ちなみに花嫁の職業は、当時女性の憧れのひとつであったバスガイド。幸せなお二人の姿である。〈南国市久礼田・昭和42年・提供＝濱渦智恵氏〉

▼自宅前で妹と一緒に　朝の通学前に仲良し4人姉妹の2女と3女が並んでパチリ。この後、姉はバスで高知市内の西高校へ、妹は徒歩で近くの久礼田中学校へ。〈南国市久礼田・昭和37年・提供＝濱渦智恵氏〉

▲結婚式の日　新婦の門出である。両親はじめ家族の慈愛に感謝し、今まで見守り育ててくれた方々に頭を下げて生家を後にする。万感こもるひと時であろう。それぞれの表情にこの日を迎えたそれぞれの思いが読み取れる。住み慣れた我が家の床前での記念写真である。〈香南市香我美町下分・昭和35年頃・提供＝門脇美香氏〉

▶還暦祝いの日　還暦、いわゆる六一の祝いである。床の間には大きな榊に御幣と立派な供え物が並ぶ。客人の前には土佐の祝い客の名物「鯛の活け作り」がどっかと置かれている。床柱のもとには主客が赤い涎掛けをかけて座を占める。隣からは三方に載った祝杯の大盃が回ってくる。〈香南市香我美町山川・昭和46年・提供＝小松敏秀氏〉

▼風呂場の新築落成の餅投げ風景　この頃、田舎の風呂場とトイレは母屋と離れて一体であった。風呂の残湯をトイレに流し込んで下肥として野菜などの生育に使った。瓦葺のトイレと風呂場の完成を祝しての餅投げである。聞きつけた近隣の人達が餅拾いに集まった。〈香南市香我美町徳王子・昭和 20 年頃・提供＝樫谷之昌氏〉

▲若一王子宮の凧揚げ大会　人びとは昔ながらの遊びに興じようと集まる。香我美町の新春凧揚げ大会である。昭和 30 年頃は若一王子宮の参道で行われていた。現在は田んぼで揚げるようになり、地域おこしのイベントともなっている。〈香南市香我美町徳王子・昭和 30 年頃・提供＝樫谷之昌氏〉

▲藤田酢屋店の前で東町町内会集合写真　終戦間もない頃の写真であろうか、国民服に戦闘帽で足にゲートルを巻いた男性と少年、野良着姿の者、開襟シャツや割烹着などさまざまな服装で集まっている。明治 40 年頃創業の藤田酢屋店は、当時野市で唯一の酢製造業者だった。昭和 36 年には高知市などの業者と高知県造酢企業組合を創立し、東野に「みよし酢醸造工場」を建設して操業していたが、平成 24 年頃廃業となった。〈香南市野市町西野・昭和 20 年頃・提供＝別役秀氏〉

▶「はん屋」の前の父と娘　夏の日、仕事を終えた父に抱かれ、家の前でのひと時。幸多き家族の象徴のような写真である。はん屋さん独特の形の看板も懐かしい。〈香南市野市町中ノ村・昭和 46 年・提供＝小松治子氏〉

◀中屋仕出し店と丸米旅館前で行われた映画の撮影風景　この頃、高知県内でロケが行われた映画には、松竹の「あなた買います」があるが、野市でのロケは記録されていない。銀幕のスターの登場に町中は騒然としたことだろう。〈香南市野市町西野・昭和 31 年頃・提供＝別役秀氏〉

▶九里四里甘い十三里　栗より甘い「十三里」とは焼き芋のこと。おなじみの謳い文句を流しながら軽自動車でやって来る石やきいも屋さん。近づくと甘い匂いがして思わず声を掛けてしまう。〈香南市野市町・昭和 46 年〉

◀家族四代が一緒に　自宅の縁側での家族の写真。四代の女性が揃っている。子ども3人は晴れ着姿で、七五三か、それとも三月節句であろうか。〈香南市野市町中ノ村・昭和47年頃・提供＝小松治子氏〉

▶縁側で日向ぼっこ　昭和45年、曾祖父母と一緒に縁側で日向ぼっこをする冬の一日。曾祖母はキセルでタバコを吸っており、御年93歳でも現役。毎日、山のみかん畑や野菜畑の草取りをする働き者であった。〈香南市野市町・昭和45年・提供＝福田静夫氏〉

◀三宝山スカイパーク　遊園地がない高知県では貴重な存在であり、開園の当時は賑やかで、遠足に利用する学校もあった。しかし経営難のため平成9年にスカイパーク、同12年にシャトー三宝、同15年にスカイレストが閉館し取り壊されていった。シャトー三宝の建物だけが地元の要望で残っている。〈香南市野市町・昭和38年・提供＝北岡智美氏〉

▶物部川のアユ漁解禁の朝　この日を待ちわびた人たちが、河原からだけでなく川の中からもアユを狙って釣果を競う。そんな初夏の風物詩を横目に、物部川鉄橋を土佐電鉄の一番電車が渡っていく。〈香南市野市町深渕・昭和36年〉

▼流行の水着で　晴天の一日、2人でゆっくりと海水浴を楽しんだ。手結《てい》海水浴場へは高知鉄道あり土佐バスありで、高知市からも短時間で来ることができた。遊園地の施設も整備され、手結住吉海岸は多くの行楽客で賑わった。〈香南市夜須町手結・昭和30年代・提供＝武内節子氏〉

▲揃いの横じまの海水パンツで　当時流行のデザインであろうか。男達の足元に寄せる穏やかな白波は、沖の豪壮な黒潮の流れに通じるとは思えない静かさである。背後の岬は左の手結港を包み、そこから仏が崎、大手の浜を回って塩谷海岸から住吉まで続く。奇岩あり絶景ありの景観と砂浜が、訪れる人びとを楽しませる。〈香南市夜須町手結・昭和30年代・提供＝武内節子氏〉

▶手結海水浴場　高いコンクリートの防波堤と、屋根のある休憩所が印象的だった手結の海水浴場。少女たちが現在でも通用する型の水着を着用しているのに対し、男たちは老いも若きも白いフンドシ姿。この姿も昭和30年代後半には少なくなる。〈香南市夜須町手結・昭和30年代・提供＝久保田晴子氏〉

◀手結海水浴場の遊具　海水浴場にある遊具で遊ぶ女子高校生たち。この時代、海水浴といえば気軽に行ける手結の浜であった。後ろには防砂林として植えられた松の林。懐かしのオート三輪の姿も見える。〈香南市夜須町手結・昭和38年・提供＝武内節子氏〉

▲載せられるだけ野菜を積んで　朝の連続テレビ小説に出てきそうな民家の前、目いっぱい品物を積んだ野菜売りが商売を始める。リアカーが停まっているのはコンクリートで固められた道。すぐ脇はまだ舗装されていない砂利道である。下駄履きで重たいリアカーを引く小さな体には、コンクリートの道がありがたかった。〈香美市土佐山田町・昭和30年代・提供＝久保田晴子氏〉

▶久保田青果店前　土佐山田商店街が活気に満ちていた頃、当然のように家業を継いで青果業を営んだ男性。スイカが売れる夏にはアイスを、寒い冬には回転焼きを、八百屋の店頭は変化した。魚屋、米屋、本屋に酒屋、人びとは商店街を何軒もまわって買い物をした。〈香美市土佐山田町西本町・昭和39年・提供＝武内節子氏〉

▶結婚式　美しく結われた髷、文金高島田を覆う角隠しが印象的な花嫁。現在のように動き重視の洋装ではなく、小紋の和服で花嫁の手を取る介添人。桜の季節なのか、境内にボンボリが見える。〈香美市土佐山田町・昭和41年・提供＝小笠原由美氏〉

◀愛犬マルとビールカゴ　マルと名付けられた愛犬の横には、クギを打って作られた木箱と、竹を編んで作られたカゴがある。現在では軽いプラスチックとなった荷物を運ぶコンテナも、この時代は一つ一つが手作りであった。〈香美市土佐山田町西本町・昭和38年・提供＝武内節子氏〉

▼**県立図書館の移動図書館**　数カ月に1度、高知市から新しい本を積んでやってくる県立図書館のバス。次に借りる本を待ちわびた人びとにいつも取り囲まれた。まだ全家庭にテレビが普及していないこの時代、本は大切な娯楽であった。〈香美市物部町大栃・昭和30年代・提供＝久保田晴子氏〉

▶**山田堰は天然のプール**　寛文4年（1664）に野中兼山によって物部川に築造された山田堰は、昭和48年に上流に合同堰が完成するまで香長平野を農業用水で潤すとともに、夏は子どもたちの貴重な天然プールとして地元住民に愛されてきた。左のテントには監視役がいて、着替えや休憩用にも使われていた。その前は浅いので低学年用、右の堰付近は深いので泳ぎの得意な子ども専用として棲み分けられていた。堰の深いところで泳げるようになった時は少し大人になった気がした。小田島側の堤防から撮影。〈香美市土佐山田町談義所・昭和46年・提供＝尾田安広氏〉

▶**若宮温泉**　土佐山田の商店街から現在でも車で20分以上かかる若宮は、名湯といわれ、高知県の中では歴史のある温泉施設である。この天然木を使った看板前で撮る記念写真が、日帰り家族旅行の定番であった。〈香美市土佐山田町曽我部川・昭和34年・提供＝久保田晴子氏〉

◀**干しダイコン作り**　軒先に吊るしたり、縁側や庭先にむしろやえびらを広げダイコンを干している。ダイコンは丸干しや千切りなど色々な料理に用いることができるため、昔から重宝された野菜。冬収穫したダイコンは干すことで保存ができ、数日干したものは漬物にもする。どの農家でも野菜で保存食を作っていた。〈香美市土佐山田町・昭和39年・提供＝阿部政敏氏〉

▶**一輪車に乗って**　お祖母さんが押す運搬用の一輪車に乗せてもらいご満悦の女の子。この家族は9人の大所帯で、祖父母や両親、兄弟姉妹、叔母に囲まれて育ち、子どもも家族の中で役割をもって家事や農作業など家の手伝いをした。〈香美市土佐山田町栄町・昭和38年頃・提供＝野村征子氏〉

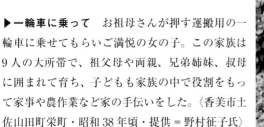

▲祖父の葬儀　先祖が眠る山に登り、埋葬の支度を整える。息子たちが墓を掘り、孫たちが花を供える。現在は、墓地であまり見かけることもなくなった「弔い花輪」が印象的。後ろには土佐山田駅構内にある跨線橋が見える。〈香美市土佐山田町・昭和37年・提供＝武内節子氏〉

▶夢の温泉　昭和33年に開業した夢の温泉は、のんびりと物部川を眺めながら入浴できる温泉として、また地域の観光地として親しまれてきた。川岸から川の中にある小島に赤い吊り橋が架けられ、小島側に鳥居が設置されている。マイカーに乗って遠くへ行くレジャーブームはまだ先のことで、地元の住民も家族やご近所さんと夢の温泉で宴会をするのが楽しみだった。〈香美市土佐山田町宮ノ口・昭和30年代・提供＝北岡智美氏〉

▲龍河洞　昭和９年に国の天然記念物および史跡に指定された龍河洞は、日本三大鍾乳洞のひとつである。入洞者数は同48年に105万人に達し、洞へ続く道の商店は活気に溢れ、高知県内でも人気の観光地であった。〈香美市土佐山田町逆川・昭和41年・提供＝小笠原由美氏〉

▼大川上美良布神社にて　毎年11月に、おなばれと呼ばれる御神幸（棒打ち、碁盤振り、神輿行列、鼻高、稚児行列、鳥《とり》毛《け》棒と呼ばれる5メートル以上もある長い棒を投げ合う「鳥毛」、江戸時代の大名行列を模した「羽熊行列」など）が行われ、商店街を練り歩いて神社に奉納される。「美良布の川上様」として知られる神社。写真の親子も参拝に訪れたのであろう。〈香美市香北町美良布・昭和33年・提供＝前田正也氏〉

◀饅頭屋の店頭で　美良布の商店街の中心地は二か所あった。一つが国鉄バス停周辺で、もう一つがこの饅頭屋周辺だった。向いの農協倉庫には、人が出入りする大型冷蔵庫や米倉があった。裏の小学校からは児童の声が聞こえ、お昼にはうどんや中華そばを食べにくるお客さんもいた。〈香美市香北町美良布・昭和33年・提供＝前田正也氏〉

▲仲の良い夫婦　農作業中のひとコマ。日頃から近所の人びとに仲の良さが有名だったろう。「いつも仲が良いねぇ」と声をかけられ、恥ずかしそうに微笑んでいる二人がうらやましい。「エビラ」に干しているのは、タケノコかダイコンであろうか。〈香美市物部町中上・昭和 44 年頃・提供＝公文操子氏〉

▼新盆供養　初盆を迎えた家では、写真右のような水棚をしつらえ、軒先にたくさんの盆灯篭を吊るして明るくし、亡くなった人の霊魂が迷うことなく帰ってこられるようにする。〈香美市物部町中上・昭和 41 年頃・提供＝公文操子氏〉

◀公士方《くじかた》神社で記念撮影　昔、別府の神主が香我美町より籠に塩と御神体を入れて山道を帰る途中、背負っていた塩が転がり落ち、ご神体は動かなくなり、そこに鎮座し神社となったと伝わる。お参りに来た際に神社奥の杉の大木の前で記念撮影をした。〈香美市物部町別府・昭和32年頃・提供＝上池ひろえ氏〉

▲タライで洗濯　当時、まだ洗濯機のある家は少なかった。洗濯物は、洗濯板を使ってタライで洗い、仕上げは清水の湧き出る川で濯いだ。〈香美市物部町仁井屋・昭和35年・提供＝山﨑ナミエ氏〉

◀お母さんのお手伝い　物部町上韮生川上流の西熊渓谷付近は三峯（1,893メートル）の登り口にあり、影という地名で呼ばれ、そこには営林署の社宅と農家が10世帯ほどあった。「影」という地名は、狭い山に挟まれて日照時間が少ないことからついた地名。写真の子どもが手に持つのは、ほうきと塵取り。何でも遊び道具にして楽しんだ。その奥では母親が洗濯をしている。標高が高いため夏は涼しかったが、冬の寒さは厳しく、主婦はしもやけやあかぎれに悩まされた。〈香美市物部町久保影・昭和35年・提供＝前田正也氏〉

▲上街公園で花見　写真の中央には七輪が据えられ、ゴザの上には一升瓶が数本と上機嫌な顔が並ぶ。三味線と鼓からは調子の良い音曲が聞こえてきそうである。林業が盛んで景気が良かった頃の花見の光景。〈長岡郡本山町本山・昭和29年・提供＝大石悦子氏〉

▶「チェリー楽団」のメンバーと　終戦直後の昭和21年に結成された「故郷楽団」が、同23年に「チェリー楽団」となり、楽器演奏だけでなく、踊りや演劇なども含めた活動を行っていた。一時期活動を停止していたが、同40年代に新たなメンバーによって活動を再開。現在では編成もビッグバンドに近く「本山チェリーオーケストラ」として活躍している。〈長岡郡本山町本山・昭和34年・提供＝大石悦子氏〉

▲自転車の傍らで　自転車と一緒に写真に収まる女性は、当地へ嫁入りしてきたばかりだという。自転車で坂を下るのは楽だが、戻るためには上らなければならない。坂の途中でちょっとひと息といったところだろうか。〈長岡郡本山町北山東・昭和38年・提供＝大石悦子氏〉

▼吊り舟で往診　当時は谷や川の移動にこのような吊り舟が利用され、移動手段として、多くの人びとに利用され親しまれていた。山間部の道路整備や橋の建設が進むにつれ、しだいに姿を消していったが、山あいや川のある地域にはかかせない移動手段であった。〈土佐郡土佐町井尻・昭和30年頃・提供＝武内利尚氏〉

▲名残を惜しんでキャンプの片付け　土佐山田町談義所の「子供を守る会」の夏のキャンプは一泊二日で自由水泳、スイカ割り、宝探し、ソフトボールなど盛りだくさんのメニューで子どもたちは大満足。しかし二日目のお昼を食べたら帰る準備に入らなければならない。思い思いに帰り支度をする人びとからは、名残を惜しむ気配を感じられる。〈長岡郡本山町・昭和50年頃・提供＝尾田安広氏〉

◀角茂谷にて　土佐山田駅から汽車に乗りやってきた角茂谷の河原にて、きょうだい3人が記念撮影。古くより土佐の国防の要であった大豊村。山深い地と荒々しく流れる川は、要所といわれる地形を物語っていた。〈長岡郡大豊町角茂谷・昭和38年・提供＝武内節子氏〉

◀正月の床飾り　上方に注連縄と切り紙、三段の八足には供え物が数多く並ぶ。大豊村の寺内や梶ヶ内、大杉では、年末になると、すすはらいの儀といって、契約している太夫が正月に必要な御幣を持って各戸を訪ね、お祓いをして回ったという。〈長岡郡大豊町・昭和30年代・提供＝豊永郷民俗資料館〉

▼三谷の氏堂　大豊の多くの集落には本尊仏像を備えた仏堂が建てられている。写真は三谷の氏堂の縁日のようす。日差しが強かったのだろうか軒下で女性たちが並んで休憩している。〈長岡郡大豊町西峯・昭和30年代・提供＝豊永郷民俗資料館〉

▶茅葺屋根の葺き替え　当時は茅葺屋根の民家が多く、20～30年に一度は葺き替えをする必要があった。この地域の葺き替え作業は、近隣住民らで組織された葺き組が協力しあい、農繁期を避けた冬期に行われた。〈長岡郡大豊町・昭和30年代・提供＝豊永郷民俗資料館〉

◀薪割り　家庭にガスや電気が普及する以前は、薪、炭、練炭などが燃料として使われていた。斧を振るって薪を割る作業はなかなかの重労働である。薪は風呂焚きや炊事に使われた。〈長岡郡大豊町・昭和30年代・提供＝豊永郷民俗資料館〉

▲吊り舟に乗っての通学風景　井尻は吉野川の左岸に位置し、早明浦ダムの建設によってそのほとんどが水没した地域である。吊り舟はもちろん、この風景も今は見ることができない。ワイヤーに吊るされた吊り舟、乗船者の引くロープで対岸に引き寄せられる構造であろう。渡し舟ではかなわぬ地形と急流の土地ならではの交通手段だった。〈土佐郡土佐町井尻・昭和40年頃・提供＝土佐町〉

▲アメゴ養殖場に友達と遊びに　バスで大川村役場付近まで行き、そこから徒歩で北上して行ったところに大川村営アメゴ養殖場があった。養殖場ではアメゴ釣りを楽しむことができ、釣ったアメゴは併設の山荘で刺身や塩焼きにしてもらいおいしく食べた。山荘前での一枚。〈土佐郡大川村大北川・昭和34年頃・提供＝大石悦子氏〉

▶鉱山社宅前でお隣さんと一緒に　白滝鉱山も活況で、社宅に子どもたちの声が響いていた頃のひとコマ。昭和30年代中頃には大川村全体で4000人以上が暮らしていたが、同47年に鉱山が閉鎖されると、急激に人口は減った。〈土佐郡大川村朝谷・昭和43年頃・提供＝山本美智代氏〉

フォトコラム　祭りの賑わい

秋、鎮守の森から聞こえる太鼓の音に胸ときめかせた思い出を持つ人は多かろう。日本国内の祭りは六十万件を超えるという。日本人はそこまで祭りに熱い思いを抱く。なかでも秋祭りはまさに「賑わいの王」であり、地域の文化でありシンボルでもある。伝統が維持され、健全に伝承されているものもあれば、子どもたちに継承を託したもの、地域を越えた力を借りて継続できているもの、苦難を乗り越え復活の賑わいに沸いたもの、それぞれの地域でのそれぞれの秋祭りは楽しく興味深いものである。

体験を通じて伝統行事や文化に触れ、その中に往時の人びとの祈りや願い、生活の知恵や息吹の宿ることを発見し、伝承への決意をにじませる心強い子どもたちもいる。その子たちが若者とともに華麗な舞を懸命に披露する姿を温かく見守り、盛大な拍手を送る住民達の姿。伝統を尊び、人々の営みが後世に継承されていく姿は感動的である。

地域外の力を借りて伝統行事を守り、賑わいの一日にし、継続的な開催を目指す人たちの努力もある。例えば各地にあった馬を使う儀式が農耕馬の減少などで途絶えていたが、同じように途絶えていた流鏑馬を、高校馬術部の協力を得て半世紀ぶりに復活させることができた。

また、大学の社会福祉学部学生が高齢者のニーズや困りごとを調査する「地域学実習」の一環で、伝統文化継承の人手不足に応え、神社の獅子舞やおなばれに参加し、祭りを盛り上げ「伝統ある神祭や御神幸を通して、地域の一体感や団結力を感じた」という。地域に溶け込む新しい大学像が見えてくる。さまざまな努力に感動する。

今、世は少子化と過疎あるいは過密の波に翻弄され、地域の組織力も低下して地域社会は衰退し、集団の行事として伝承してきたものさえも失われつつある。長い年月、庶民の生活の中に生き、自然に根付いて継承されてきた文化こそ、庶民の心の歴史を伝えるものである。その文化に触れ、体験することは心の空虚さを癒し、忘れかけたものを呼び覚まし、ふるさとと再発見にもつながる。伝統行事や文化への関心を高め、伝承保存の輪を拡大することこそ、地域活性化の原動力といえるだろう。

（宅間一之）

▲立田神社の神祭　記紀神話に登場する、木花開耶媛の姉・磐長姫を祀るとされる、古くからの立田の産土神。夏、秋の神祭の際は、地域をあげて、賑やかな神祭行事が行われている。〈南国市立田・昭和 31 年・提供＝南国市〉

▲▶▼後免町300年祭　土佐の奉行・野中兼山が、城から東を商工業の町として発展させるため、租税御免の町を作ってから300年を迎えたこの年、後免町商店街では「後免町300年祭」を開催した。さまざまな出し物で町はたいへん賑わった。〈南国市後免町・昭和29年・提供＝南国市〉

◀後免町商店街秋祭りの日　後免町の大きなイベントとして、「後免町商店街秋祭り」はたいへん賑わった。〈南国市後免町・昭和30年頃・提供＝川田一郎氏〉

▶日吉神社の夏祭り　日吉神社は、大そね稲吉の産土神だったが、野中兼山が尽力して拓かれた後免町に稲吉から多くの人たちが移住したために、後免町に奉遷したものだという。日吉神社の夏祭りのひとコマ。〈南国市後免町・昭和31年・提供＝黒木秀子氏〉

▲第一回どろめ祭り　現在のどろめ祭りとは違い、会社、町内会でチームを作り、赤岡小学校から「どろめ音頭」「豊能梅音頭」で町をパレードしながら浜まで向かった。この写真の橋は、竜山橋と言われる空橋（空っぽの橋、つまり橋の下は川ではなく田が広がっていた）である。香宗川が氾濫した場合、あふれた水がその下を流れる仕組み。現在はスーパーの裏手に面影が残るのみ。〈香南市赤岡町・昭和 34 年・提供 = 竹村暢文氏〉

▶絵金夜市の光景　「横幟」と呼ばれる高知独特の形式の作品。和紙に芝居の場面を描いた横幅 5 メートルほどの大きさで、絵金派が描いた。おそらくこの写真は、本町通りに住んでいる持ち主の向かいの家に飾られたもの。絵金祭りの時に、撮影者が持ち主にお願いして、飾らせてもらった。〈香南市赤岡町・昭和 46 年・提供 = 竹村暢文氏〉

▲若一王子宮の秋祭り　大祭の日は、午前中は祭事、午後は神輿とともに氏子の各家を回り五穀豊穣、家内安全を祈願する。祭りの日、神輿、宮司を含めた参加者一同の記念撮影である。獅子舞を演じる若連中は、大祭前一週間は全員合宿して技術の練磨に務めたという。〈香南市香我美町徳王子・昭和 30 年頃・提供＝樫谷之昌氏〉

▲若一王子宮の秋祭りの獅子舞　大祭の獅子舞は徳王子の若連 6 人が行う。眠っている獅子を、天狗面をつけた「はな」がからかう。安眠を妨げられ獅子は怒り狂って立ち回りを演ずる。儀式が終わると神社に戻り、獅子舞を奉納して大祭を終わらせる。〈香南市香我美町徳王子・昭和 30 年頃・提供＝樫谷之昌氏〉

▼足洗いの宴会　「さなぼり」とも言う。田植えの終わった頃を見計らい世話役が酒肴をかまえ、集落総出で農作業をねぎらい、豊作を祈願し酒宴を開いた。桜花の頃、花見と慰労をかねた地区総出の酒宴慰労として開かれる地区が多かった。作業が多様化した現在は、時期が定まらず開きにくくなってきた。〈香南市香我美町徳王子・昭和 30 年頃・提供＝樫谷之昌氏〉

◀深渕神社秋祭りのおなばれ① 御神幸のことをこの地域ではおなばれと称するが、語源については諸説あり、決定的なものはないという。深渕神社のおなばれの行列のお供役には神輿の担ぎ役、法螺貝、太鼓、天狗面などがあり、氏子中が籤を引いて役を決められる。〈香南市野市町西野・昭和 50 年代〉

▲深渕神社秋祭りのおなばれ②　おなばれが出発するところ。深渕神社の秋祭りでは、おなばれのお輿休めの場所が南と北にあり、それぞれの場所に一年交替でおなばれを行う。〈香南市野市町西野・昭和 50 年代〉

▲第３回野市田園まつりの子ども神輿　野市田園まつりは昭和 49 年 8 月 25 日に第 1 回が行われた。会場となった野市小学校のグラウンドには子ども神輿などが繰り出し、地域の子どもたちが元気いっぱいに参加した。平成の合併後、一時期中断されていたが、平成 21 年に香南市商工会青年部主催により田園祭として復活している。〈香南市野市町西野・昭和 51 年〉

▶立山神社の棒術　棒術の由来は諸説あり、関ヶ原合戦後、土佐入りした山内一豊が、長宗我部の遺臣たちを鎮圧するために武器の取り上げなどの政策を行った。これに対して、帰農した遺臣たちが農具である鍬の柄を武器とし、武術を練っていたとも、香宗我部城に遠州小栗流の棒術が伝わったともいわれる。毎年、立山神社の神祭で獅子舞いとともに奉納されている。〈香南市野市町土居・昭和 57 年〉

▲手結盆踊り　野中兼山による手結港の開鑿工事では死者が出た。この死者の霊を弔ったことに始まると伝えられる踊りである。法被姿に鉢巻、たすき姿の男女が円陣で踊る。踊りの持ち物は紅白のザイと呼ばれるもの。棒の一端に赤いジャーラ、白いジャーラを房にして、これを豪快に振って踊るダイナミックな踊りである。〈香南市夜須町千切・昭和40年・提供＝伊藤敏雄氏〉

◀夜店の賑わい　手結盆踊り会場での夜店の賑わいである。見物人目当ての夜店が会場周辺に並ぶ。子どもたちの喜ぶ花火や、祭りの提灯、氷水や串さしなど、夏祭りの夜店ならどこでも見かけるものが多い。それでも子どもたちは競って小遣いを散財する。〈香南市夜須町千切・昭和40年・提供＝伊藤敏雄氏〉

▶塩谷海岸での磯祭り　南には太平洋が広がり、沖合いの岩礁を伝う波は白波となって海岸を目指す。海岸にも転々と岩礁が浮かんで見える。エプロン姿もあれば作業着姿もスーツにネクタイ姿もある。食べ物を口にする人もあれば器を持って目指す食べ物を追う人もいる。地域の人たちの楽しいイベントだったようだ。〈香南市夜須町手結山・昭和61年頃・提供＝伊藤敏雄氏〉

▲西山八幡宮の棒打ち　西山八幡のおなばれで行われる棒打ちで「十人棒」とよばれるもの。5人一組の陣形が二組相対して決まった形で棒を打ち合う。棒打ちには、このほか「二人棒」「四人棒」「酔うたんぼ」がある。〈香南市夜須町西山・昭和30年頃・提供＝香南市夜須公民館〉

▶西徳善八幡宮の秋祭りのおなばれ
香美郡吉川村の西徳善八幡宮の、賑やか盛大な秋祭りのおなばれが出発するところ。2台の太鼓、先導は鼻高であろう。獅子もいれば馬もいる、鳥毛の後に神輿が行くのであろうか。お供の行列は鳥居の中まで続いている。水田には稲穂も実り、刈入れも間近である。〈香南市吉川町吉原・昭和31年・提供＝西徳善八幡宮〉

◀西徳善八幡宮秋祭り　秋祭りの神事で舞の奉納を終えたあとの社殿前での記念撮影であろう。天冠に千早の装束で、たたんだ檜扇を手にした舞姫に、そよ風が労をねぎらうかのようにそっと衣を揺すって過ぎていく。〈香南市吉川町吉原・昭和39年・提供＝西徳善八幡宮〉

▶住吉神社のおなばれ　小学校の女子児童が列をなして太鼓を叩きながら踊っている。獅子舞もあり賑やかだった。〈香南市吉川町吉原・昭和40年頃・提供＝増井はつ子氏〉

▲八王子宮秋季例大祭①　八王子の例大祭では当時の各地区に9年に一度、「おとうや」が回ってきた。担当地区では子どもたちも集めて、盛大によさこい鳴子踊りや土佐山田音頭を踊って祭を盛り上げていた。現在でもその日は学校が休みになることから、いかにこの祭りが地域に根ざした大事な行事であるかがうかがえる。しかし、改めて当時の子どもの多さには驚かされる。〈香美市土佐山田町西本町・昭和40年頃・提供＝小笠原由美氏〉

▶八王子宮秋季例大祭②
上杉謙信を描いた海音寺潮五郎原作の物語「天と地と」が、大河ドラマ初のカラー作品で放送されたこの年、イメージしやすかったためか、祭りの山車のモチーフとなった。キリリとした表情で山車の上に立つ少年のモデルは、上杉政虎時代を演じた中村光輝（現在は中村又五郎）だろうか。〈香美市土佐山田町西本町・昭和44年・提供＝久保田晴子氏〉

▲八王子宮秋季例大祭③　今も続く香美市土佐山田町八王子宮の秋の大祭でのよさこい鳴子踊りの行列。毎年11月4～7日にかけて行われる例大祭では、起こし太鼓やおなばれや踊りが商店街を練り歩き、街中が賑やかになる。その一方で、関係者の高齢化や人手不足で消えていった行事もあり、そのひとつが、このよさこい鳴子踊りである。たくさんの踊り子や見物客で賑わった頃の旧・西町二丁目（現・西本町四丁目）。〈香美市土佐山田町西本町・昭和30年代・提供＝武田節子氏〉

◀八王子宮秋季例大祭④　まだアスファルト舗装もされず、コンクリート打ちっ放しの商店街に連なる踊り子たち。賑やかな行列を見ようと、割烹着姿の女性や制服を着た女性が沿道に立っている。〈香美市土佐山田町西本町・昭和35年・提供＝小笠原由美氏〉

◀八王子宮の秋祭りで踊る子どもたち　1日目、御神体が神主によって神輿へ移され、その年の当家組が神輿を担ぐ誉をいただく。写真は祭りで踊りを奉納する児童たち、神輿に従い氏子たちが待つ街筋をまわる御神幸のひとコマ。〈香美市土佐山田町東本町・昭和28年頃・提供＝清水豊氏〉

▶神祭のはりまや橋　毎年趣向を凝らして作られる、八王子宮の神祭の山車。毎年たくさん出るアイデアで悩み、吟味し、はりまや橋に決まったこの年は、法被姿の子どもたちも山車を引いた。〈香美市土佐山田町西本町・昭和34年頃・提供＝久保田晴子氏〉

▲神祭の行列　八王子宮の秋の大祭行列の楽しみは、華やかな山車にもあった。山車の横について歩く子ども、その子どもについて歩く母親。現在ではパトカーでついていく警察官も、この時代、自転車で警護をし、気軽に声を掛けられる「おまわりさん」だった。
〈香美市土佐山田町西本町・昭和30年頃・提供＝武内節子氏〉

▲八王子宮秋季例大祭の花台　例大祭の初日に、香長中央病院の南にある八王子のお旅所《たびどころ》に来られた神様を、二日目に八王子へお連れする。これはSLに見立てて派手に飾り立てた花台で、屋根に竹を載せているのが見られる。この竹はお旅所を囲っていた聖域のための竹で、神様と一緒に八王子へ帰るそうだ。この花台も制作にたいへんな手間がかかるためか、現在では見かけない。〈香美市土佐山田町西本町・昭和40年頃・提供＝香美市〉

◀土佐山田まつりと土佐山田音頭　毎年8月の第1土曜日に開催されている土佐山田まつりでの踊りの競演風景。子どもたちも一緒に土佐山田音頭を踊り歩いている場所は、通り沿いに小松印刷所や有沢酒造の煙突が見えることから土佐山田商店街から国道195号までの間だとわかる。この時代は土佐山田駅から南北の通りにも、道の両側にたくさんの商店や飲み屋が並んで賑やかな街並みだった。〈香美市土佐山田町西本町・昭和40年代・提供＝野村征子氏〉

▲あふれかえる見物客と踊り子の土佐山田まつり　土佐山田まつりは、商店街での踊りの競演と山田小学校グラウンドでの納涼祭という形で昭和 40 年代に始まった。右奥の土佐山田駅から商店街まで、道幅 20 メートル足らず延長 100 メートルの道に、600 人の踊り子と 1 万人の見物客が押し寄せ盛大に賑わっている。当時は正調よさこい鳴子踊りと、できたばかりの土佐山田音頭の競演で山車などもなくシンプルな形態だった。現在は十数チーム総勢 630 人ほどの踊り子が商店街で競演し、納涼祭は旧鏡野中学校グラウンド（現香美市市民グラウンド）に移されている。〈香美市土佐山田町西本町・昭和 46 年・提供＝香美市〉

▶貴船神社の秋の神祭
今でも毎年 11 月 3 日に開催される談義所貴船神社の秋祭り。昭和 30 〜 60 年頃は氏子の子どもたちがたくさんいて、神輿の担ぎ手に不自由しなかった。朝から神社近くの消防屯所に集まって大人に化粧をしてもらい、昼食後、法被を着たら出発だ。男の子たちは腰におもちゃの刀を差し、一端の侍気分でおなばれをしたものだ。〈香美市土佐山田町談義所・昭和 40 年頃・提供＝尾田安広氏〉

▲宮ノ口星神社の秋祭り　化粧をした児童たちが、おなばれの棒打ちと鳥毛と白馬毛を持って誇らし気な笑顔で写っている。宮ノ口の本殿から、神母ノ木の後宮《しりみや》まで神輿を担ぐ。宮ノ口の星神社のお祭りは宮ノ口、船谷、神母ノ木、佐古藪が今も行っている。〈香美市土佐山田町宮ノ口・昭和 35 年・提供 = 香美市〉

◀虫塚神社の虫送り　田植えの後、稲虫退治の行事が村々で行われていた。太夫さんが先頭に立ってあぜ道を歩き、太鼓と鉦が「チンドンチンドン」と鳴るのに合わせて「斎藤別当実盛、稲の虫ひしゃげた」などと唱えながら田を回り、虫塚神社に草鞋を納めた。また、ビワの葉には虫がつかないことから、ビワの葉に呪文を書いて立てていた。ビワの木は虫よけのために各家に植えられた。〈香美市土佐山田町秦山町・昭和 58 年・提供 = 香美市〉

▲珍らしいアーケードの下の日曜市　開設12年目をむかえた日曜市の風景。カッパを着た男性や傘を持った人が買い物をしているところを見ると、外は雨らしいが、天候が悪くてもアーケードがあるお陰で買い物客は安心してゆっくり買い物を楽しむことができた。市では生鮮食品からおもちゃ、日用雑貨、打ち刃物、植木などが売られ、ここに来ればひとまずなんでも揃う便利さがありがたかった。この後、主催者の分裂や人口減により日曜市は激動の時代を迎える。〈香美市土佐山田町宝町・昭和56年・提供＝香美市〉

▶大川上美良布神社大祭の日に　延喜式内社の大川上美良布神社では、夏季と秋季の大祭が執り行われる。その大祭を仕切るのが当家と呼ばれる人びと。当家とそれを補助する人びとが、神事の無事の催行を見守った後、拝殿前で記念撮影した。背後の社殿は明治2年に落成。県有形文化財に指定されている。〈香美市香北町韮生野・昭和31年頃・提供＝大石綏子氏〉

▲オサバイ講　オサバイとは田の神様のこと。田植えの頃、田の畔などにお祀りし、田植えが終わった頃、その祠の前で近所の人たちが五穀豊穣を願ってお祝いする。〈香美市香北町西ノ峯・昭和50年頃・提供＝後藤孝志氏〉

▶鍬初め　鍬初めは、正月一日の門明けという交際始めの儀式に続いて行われる、農作業始めの儀式。いずれも「門明け類」と呼ばれる、互いの家の行事において世話をしあう家同士が、一家揃って交互に訪ねあって行う。〈長岡郡大豊町岩原・昭和60年頃・提供＝下村堯基氏〉

▶神楽の練習　粟生にある熊野神社に集まり神楽の練習をする人びと。〈長岡郡大豊町粟生・昭和28年頃・提供＝豊永郷民俗資料館〉

▲宮古野白髪神社の秋祭り　白髪神社の信仰は吉野川上流のみで見られる信仰で、土佐町の宮古野、大川村の大藪、本川村の桑瀬、長沢、越裏門、寺川、本山町の沢柿内の産土神として鎮座しているという。刈り取られた稲株のある田道を、太鼓を先頭にして神輿のおなばれである。この写真が撮られた頃は秋祭りも賑やかであったが、近年は過疎化が進み、その運営も困難になってきた。〈土佐郡土佐町宮古野・昭和51年・提供＝土佐町〉

◀白髪神社大祭に繰り出す子ども神輿　鎮守の森から、子ども神輿の御神幸がお旅所へ向けて出発した。見事な装飾の神輿の頂には「わかば」の文字も読める。〈土佐郡土佐町宮古野・昭和 54 年・提供 = 土佐町〉

▲中島十七夜観音祭　中島観音の祭りの夜、道の両側に所狭しと並んだ夜店。ひときわ目立つ「生いか焼」の垂れ幕。お菓子あり、おもちゃあり、食べ物あり、飲み物あり。子どもにとってはたまらない夜店の風景である。〈土佐郡土佐町田井・昭和 51 年・提供 = 土佐町〉

10 昭和の子どもたち

「子どものSOSを放置してよいか
最近の子どもたちの遊びの傾向として、屋外や自然の中で
「遊ばない・遊べない」子どもが増加しているといわれている。
このような子どもたちをつくっている要因は何だろう?
今、大人の私たちは「子どもは遊びの天才」といわれるような子どもたちを復活させるためにも、
何かをしなくては……」

M先生の画集に収められた、平成二年十一月十八日の「高知子どもを守る会」主催のデザインポスターがある。そこに記された文言である。たしかに屋外で遊ぶ子どもの姿が消えてから久しい。戦時中の厳しい統制生活の中でも、廃墟と震災の中でも、近所の友だちが集まっては、庭先や道端、川端でいろいろの遊びに興じる姿があった。田の畦を伝ってドジョウを追い、集落の間を流れる小川ではエビや石に隠れる小魚捕獲に懸命であった。山の木の上に秘密基地を築き、互いが攻防の戦争ごっこ。いつの間にか捨てられていた棒切れが刀となり、石ころも空き缶も子どもたちの遊びの道具となって、「子どもは遊びの天才」の言葉が具現されていた。

昭和三十年代の高度経済成長期は、人びとの暮らしを豊かにし、子どもたちの遊びにも影響を与えた。大量消費社会が、飽食の時代をもたらし、子どもの興味を引く商品の発売が続き、遊び場も屋外から屋内へと変化する。自然に親しみながら山を走り、実るものを探しては味わう楽しさなどは忘れ去られた。家の中で人気番組を見るためテレビの前に座る。テレビゲームの登場は一人で過ごす時間をますます増やし、携帯やスマートフォンは更にそれに拍車をかけた。先輩から遊びの秘伝伝授の機会はなく、季節に実る自然の味や熟れ具合の情報も伝わらず、仲間同士の絆もなくなった。大人たちも、ただ以前の子どもの遊びに郷愁を誘うのみとなった。

しかしいつの時代も子どもは元気で明るく素直であり、遊びの天才であり、遊び道具の発明家であることに変わりはない。写真に残された昭和の子どもたちのように溌剌とした姿や、にこやかな表情が消されることのない平和な時間の継続こそ、大人たちに課せられた当然の義務であろう。

（宅間一之）

▲かけっこをする子ども　へんろ石付近の砂利道を手を繋いで走る。この時代、道路を車が通ることはなく、子どもたちの遊び場であった。〈南国市廿枝・昭和14年・提供＝南国市〉

▼自宅の池で　自宅に2つあった池で当時、コイを飼っていたという。いとこたちと遊んでいるようだが、手にはタモを持っている。コイを捕まえて後から大目玉をくらったことだろう。〈南国市立田・昭和15年頃・提供＝秦泉寺真行氏〉

▲お気に入りの人形と　手作りの布製の人形だろうか。日当たりのいい庭先で一緒に写真に収まった。人形は夏向きの洋装だが、女の子は和装に綿入れを羽織っているようだ。〈南国市十市・昭和13年頃・提供＝上田景子氏〉

▶夏休みのお手伝い　夏休みで昼も家にいるお姉ちゃんに子守をお手伝いしてもらった。おんぶ紐をつけて、手ぬぐいを頭に被らせたら身体は小さいが、いっぱしのお母さんのよう。本人は戸惑い顔だが、大人たちは大喜びしていた。〈南国市十市・昭和16年・提供＝上田景子氏〉

▲お祖父ちゃんの家で水遊び　お盆にお祖父ちゃんの家で会った従兄弟と水遊び。子ども用の小さいプラスチックのバケツなどないから、風呂の水汲み用のブリキのバケツに水を入れてもらったようだ。〈香南市香我美町岸本・昭和９年・提供＝森下蕃雄氏〉

▼お祖父ちゃんと岸本の浜へ　お盆で岸本のお祖父ちゃんの家へ家族と一緒に行った男の子。白い腹掛けを付けて、お祖父ちゃんに手を引かれて近くの浜で遊んだ。夏の日の思い出の一枚である。〈香南市香我美町岸本・昭和９年・提供＝森下蕃雄氏〉

◀米俵を担いで　近所の商店の男の子が配達にやって来たところを写真に収めたのか。あるいは写真を撮るというので、頑張って米俵を持ち上げたところだろうか。米俵一俵は約60キロである。〈香南市香我美町岸本・昭和７年・提供＝森下蕃雄氏〉

▲地曳網の手伝いのお礼は太刀魚　エッサエッサと地引き網を引く大人たちの所に、子どもたちがやってきて一緒に網を引っ張る。実際に力となっていたのか、ただ網にぶら下がって邪魔していただけなのかはわからないが、網にかかったいろいろな魚を褒美にもらって喜んでいた。〈南国市前浜・昭和30年・提供＝南国市〉

▶高知空港側の道路より　高知空港は全国でも珍しく、滑走路近くに一般道路があり、整備をしている機体を背景に写真が撮れる。また、滑走路が地上を走る下には地下道が4本もあり、近隣住民の生活道となっている。平成15年からは高知龍馬空港の愛称で親しまれている。〈南国市久枝乙・昭和61年・提供＝濱田愛華氏〉

▲修学旅行の出発前　後免駅に集合した仲良し５人組で出発前の記念写真。揃いのバッグを手に満面の笑みをたたえている。〈南国市駅前町・昭和25年・提供＝秦泉寺真行氏〉

▲姉妹　着物姿の姉妹である。帯を締め白足袋に草履が輝く姉の姿。妹はやや短めに着る着物、道はまだ未舗装の石ころ道、道端にススキの穂が見受けられる。村の鎮守の秋祭りに２人そろってのお出かけであろうか。〈香南市香我美町山川・昭和30年・提供＝門脇美香氏〉

◀自宅前で近所の子どもたちと　近所の仲良し４人組の写真である。この頃の子どもたちはよく屋外で遊んだ。上級生下級生入り乱れての遊びであった。下級生は上級生に遊び方の要領を習い、それは順次下級生へと受け継げられていった。遊びのひと時、カメラの前でちょっぴりすまし顔の子どもたち。〈香南市香我美町下分・昭和30年・提供＝門脇美香氏〉

▶砂浜での光景　岸本の浜にたたずむひとりの子ども。遠くでは馬が台車を曳き、砂利を運搬している。見慣れない光景に子どもの好奇心はかき立てられる。しばらく何もせず、ただひたすらに馬と人間の動きに夢中であったろう。〈香南市香我美町岸本・昭和43年頃・提供＝近藤輝也氏〉

▼自宅前で遊ぶ従兄弟たち　父親の還暦のお祝いの日である。大人たちの祝宴はいつまでも続く。ご馳走でお腹もいっぱいになった従兄弟3人は庭で遊んだ。3人の視線は何か一点に集中している。写真背景の放置された塵取りと箒、蚕のえびらを薪のような木材で支えている風景はおもしろい。〈香南市香我美町山川・昭和34年・提供＝小松敏秀氏〉

▶自宅の庭で父親と姉弟　幸多い3人の姿である。5月端午の節句の頃であろうか。歩き始めたばかりの弟に、そっと手をかける父親の優しさあふれる写真である。庭に立てた男子出生の象徴である幟棹、今、幟を立て終えたところであろう。〈香南市香我美町山北・昭和40年頃・提供＝小松治子氏〉

▶七五三の記念写真　南国市後免町の光写真館で七五三のお祝い写真を撮った。頭のリボン、引き締まった表情、きれいな着物に帯、最高のものであろう。白足袋に草履、すべてがあつらえ物であろうか。頭から足先まで、健やかな成長をのぞむ親心があふれている。〈南国市後免町・昭和35年・提供＝門脇美香氏〉

◀戸板島橋を日傘を指して渡る幼い姉妹
戸板島で物部川を渡る県道山田野市線、この橋の改修は積年の宿願であった。昭和24年7月7日、総工費750万円で写真の吊り橋が架けられて改装となった。7月の暑さの中、幼い姉妹は何を語りながら新装の橋を渡っているのであろうか。この橋も同48年4月にはプレストレスト・コンクリート橋となっている。〈香南市野市町西佐古・昭和24年・提供＝竹村暢文氏〉

▲ブランコで遊ぶ姉妹　庭に置かれたブランコで仲良く遊んでいる風景である。やや使い古した鋼鉄パイプのブランコであるが、この子らの遊びには何の不都合もない。柔らかい冬の日差しは2人に注ぎ、頭の黒髪を輝かせている。〈香南市野市町中ノ村・昭和46年頃・提供＝小松治子氏〉

▼お祖母ちゃんと一緒におやつの時間　ある冬の日、庭先の陽だまりでお祖母ちゃんとおやつの時間、平和なひと時である。2人の姉妹はお腹一杯になって満足そうな表情である。お祖母ちゃんはもう一箸食べなさいと勧めているらしい。左はこの姿を見守る曾祖母さんであろう。「もっと食べないと大きくならないよ」とせかすような口の開きである。〈香南市野市町中ノ村・昭和47年・提供＝小松治子氏〉

▲住吉海浜学校　夜須町営の海浜学校である。城山高等小学校の校舎を利用した、300人が休憩できる施設であった。一般、家族連れの休憩と宴会、講習等にも利用された。すぐ前は恰好の海水浴場であり、7月中旬から大盛況となった。子どもたちの白いふんどしが目立っている。〈香南市夜須町手結山・昭和27年・提供＝南国市〉

▶正月に親戚の家での姉と弟　家族そろって親戚に新年のご挨拶に伺った。立派な庭に木々生える築山、石燈籠まで完備する。きれいな着物の姉と正月の寒さにも負けず白シャツに半ズボンの弟。姉の微笑みに幸いっぱいの一家が象徴されている。〈香南市夜須町手結山・昭和47年頃・提供＝小松治子氏〉

▶姉弟で住吉海岸で海水浴　遠浅の海岸、波静かな浜辺、姉弟が住吉海岸で海水浴を楽しんでいる。この手結住吉海岸は昭和31年1月、県立自然公園に指定された。変化に富んだ海岸線と遠浅で波静かな海水浴場は、昔から地元だけでなく高知県民のレクリエーションの場として賑わってきた。〈香南市夜須町手結・昭和42年頃・提供＝小松治子氏〉

▲柳行李の中で母を待つ子　農家の農繁期は忙しい。田植えの頃、稲刈りの頃は猫の手も借りたいほどである。母も子と家で過ごすことはできない。いっしょに野良の仕事場に連れ出し、畦や日陰の柳行李の中に寝かせたり、ご飯のふごの中で育てる光景はよく見られた。白い毛布に包まれ、かけられた日傘にも母親の愛情を感じる光景である。〈香南市夜須町夜須川・昭和42年頃・提供＝近藤輝也氏〉

▶いとこと手結海水浴場へ　土電に乗っていとこ家族と海水浴に。電車の窓から海が見え始めるとワクワクしたものだ。手結駅で降りて、高い防波堤の階段を上がると、目の前に海が広がり嬉しかった。泳ぐのに飽きると、海水浴場の定番、砂で体を埋める遊びに熱中し始めた。〈香南市夜須町手結・昭和42年・提供＝宮﨑壽美江氏〉

▲君の名は　女の子がマフラーを肩から頭をくるむように一周させている。これは菊田一夫脚本のラジオドラマで大人気を博した「君の名は」が、映画化された際に岸惠子演じる主人公・氏家真智子のストールの巻き方をまねたもの。当時、この真智子巻きが大流行していた。〈香美市土佐山田町・昭和28年頃・提供＝武内節子氏〉

▼仲良し四人組　自宅の庭先で、いとこと近所の友だちからなる、仲良し四人組が遊んでいたところをパチリ。冬でも素足に草履で、一日中外で遊ぶ毎日を過ごしていた。このころの髪型は男の子も女の子もみんな前髪はきっちり眉の上一直線が定番だった。〈香美市土佐山田町西本町・昭和27年頃・提供＝清水豊氏〉

▶山田堰プールで水泳上達 昭和40年代中頃まで近隣の小中学校にはプールが無かったので、山田堰には遠くからバスで泳ぎに来る子どもたちがいた。当時の河川敷は舗装されておらず、緑豊かな河原が水辺まで広がっており、そこから飛び込みの練習をした。水も透明度が高く水深1メートルぐらいまでは綺麗に見通すことができ、「白い石拾い」で遊んだり、地元の水泳場運営会が作った貸出ボートで遊んだりした。川と住民が近い関係だった。〈香美市土佐山田町談義所・昭和46年・提供＝尾田安広氏〉

◀自転車乗れたよ！ 満開の桜の木が連なる八王子宮の参道で、自転車に乗る練習をする少年。室町時代に勧請したと伝えられる八王子宮は、土佐山田町内外に多くの氏子を持つ。本殿は市の文化財に指定されている。〈香美市土佐山田町北本町・昭和30年頃・提供＝小笠原由美氏〉

▶丹下両膳!!　剣士の出で立ちをする幼い兄弟。ふだんは洋服でも、「丹下左膳ごっこ」をする時には、着物姿でハチマキを巻いた。写真を撮影した父親は、右目、右腕のない丹下左膳ではなく、五体満足な「丹下両膳…」とタイトルを付けている。〈香美市土佐山田町西本町・昭和29年・提供＝久保田晴子氏〉

◀永楽座で踊りの発表会　女の子が習っていた日本舞踊宮地流の発表会に出演した時の記念写真。永楽座では旅回りの芸人の芝居の上演や映画の上映が行われた。町内には他に山田東映（東本町）、モラル劇場（西本町）、東洋館（駅前）、三益座（神母ノ木）などがあった。〈香美市土佐山田町旭町・昭和27年頃・提供＝野村征子氏〉

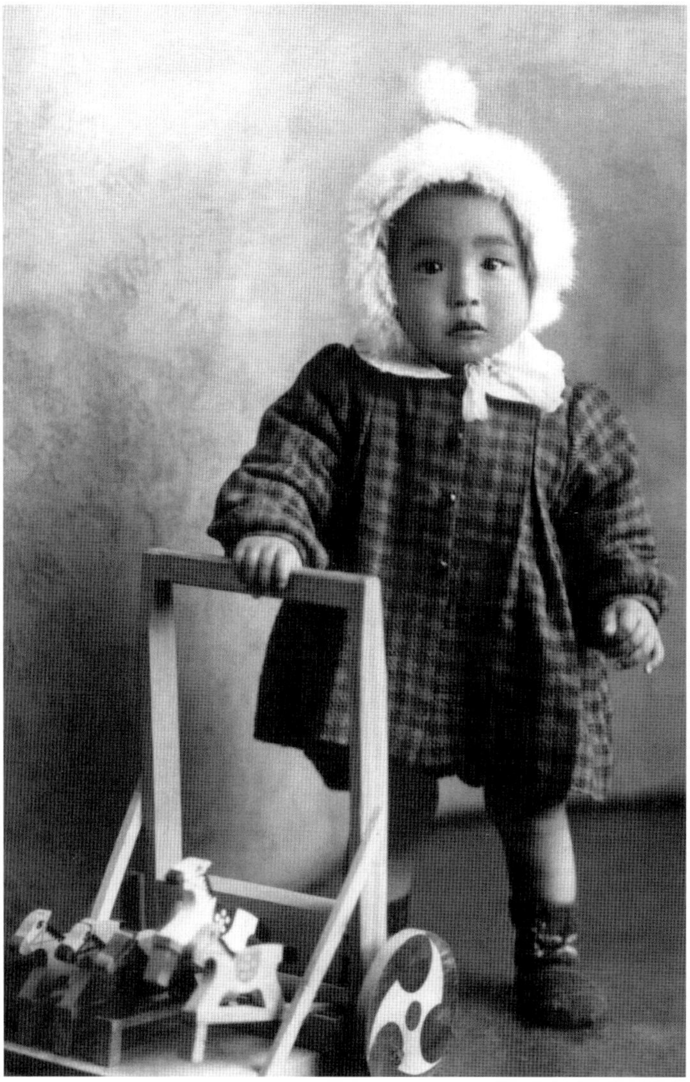

◀写真館で撮った一枚　お母さんの手作りのワンピースを着て、お気に入りの手押し車を持参して写真館で撮影。近所にあったため、家族の記念写真を撮ってもらうこともあった。この高田写真館も今はない。〈香美市土佐山田町西町・昭和24年・提供＝野村征子氏〉

▶自宅に庭にて　吸水材のついたスリムな紙おむつのない時代、2重に重ねた布おむつとおむつカバーでお尻はふっくら。この女の子は、お母さんが男の子を欲しがっていたとのことで、幼稚園の頃までは男物のネルの着物を着せられ男子と間違われることもあったという。〈香美市土佐山田町栄町・昭和33年・提供＝野村征子氏〉

▲日向ぼっこ　小春日和に自宅前にしつらえたベンチで近所の友だちと仲良く日向ぼっこ。背後に見える木枠のガラス戸は、台風が来ると雨戸を閉めてもガタガタと音を立て、今にも割れそうで、台風が過ぎるまで家族で押さえていることも。〈香美市土佐山田町栄町・昭和38年・提供＝野村征子氏〉

▶姉妹で正月の記念写真　姉が羽織っている「そうた」と妹の「はんてん」は、寒くないようにとお母さんが手作りした綿入りのもの。おかっぱ頭が愛らしい。〈香美市土佐山田町・昭和29年・提供＝野村征子氏〉

▲繁藤橋のたもとのお菓子屋で　穴内川ダムの工事現場がある桜谷の住人にとってみれば、繁藤は保育園も小学校もある「町」だった。白黒テレビで見た鉄腕アトムを初めてカラーで見たのも、繁藤でのこと。お菓子屋に飾ってあった、マーブルチョコを宣伝する鉄腕アトムの看板が最初だった。〈香美市土佐山田町繁藤・昭和38年・提供＝前田正也氏〉

▶4年生の夏休み　テレビもまだ普及していない時代、夏休みの子どもたちは屋外で遊んで明け暮れた。車が通ることもない路地では野球少年がキャッチボールをし、女の子はゴム飛びをした。〈香美市土佐山田町西本町・昭和32年・提供＝小笠原由美氏〉

▲縁側で　男の子が離れの縁側で一つしかない太鼓を一つ違いの従兄と取り合って、無邪気なケンカをしている。祖母にしてみれば、どちらも可愛い孫だから仲裁に困っているようだ。ここは実家の饅頭屋で、少し大きくなってからもここに帰ると従兄と山に行ったり、川に行ったりしてよく遊んだという。〈香美市香北町美良布・昭和33年・提供＝前田正也氏〉

▼大川上美良布神社の木陰で遊ぶ　秋祭りは、古式にのっとった神輿のおなばれ行列が町内を練り歩き、大勢の人出で賑わった。地元では、よく、一に「一宮の志那祢さま」、二に「韮生の川上さま」と称して親しまれた神社で、土佐の東照宮といわれるほど彫刻が美しい。巨木も多く、夏の木陰は町民の憩いの場だった。〈香美市香北町美良布・昭和34年・提供＝前田正也氏〉

▶タライで行水　三峯登り口にあった旧物部村影には澄み切った川が流れていた。昔から洪水が起こることで有名で、狭い川には山崩れで落石したり、洪水で流されてきたといわれる直径数メートルもの大きな岩がゴロゴロしていた。清流は夏でも冷たく、子どもが行水できるような川ではなかった。〈香美市物部町久保影・昭和 34 年・提供＝前田正也氏〉

◀おやつはサツマイモ　旧物部村影にあった実家から持ってきた絵本を離れの縁側で読みながらもおやつのサツマイモが気になっているようす。村には小さな雑貨屋があったが、魚や主な食料品、日用品は定期的にやってくる行商から買っていた。〈香美市物部町久保影・昭和 33 年・提供＝前田正也氏〉

◀三輪車に乗って　ここでは、買わなければ手に入らない工業製品としての玩具は三輪車ぐらいで、何でも手作りした。農家では紙づくりも行われ、いくつかの農家に、楮《こうぞ》・三椏《みつまた》を蒸す木製の大釜があった。お風呂やトイレは離れにあり、その離れの隣には耕作用の牛を飼育している牛小屋もあった。〈香美市物部町久保影・昭和35年・提供＝前田正也氏〉

▶大杉村の子どもたち　近所の子どもたちを民家の前で撮った一枚。この時代には、このようにご近所さんを何気なく撮った写真が良くある。地域コミュニティがしっかりと機能し、信頼できていたからこその記録である。〈長岡郡大豊町寺内・昭和33年頃・提供＝森下蕃雄氏〉

◀**兄弟でポーズ**　自宅の前で撮った写真。お兄ちゃんのズボンの膝には穴が開いているようだ。縫っても、男の子は外を走り回ってすぐ穴を開けてくる。〈長岡郡大豊町川井・昭和46年頃・提供＝小松恭子氏〉

▼**南小川の河原にて**　大豊町大滝の中心地である落合地区の南に接して流れる南小川で撮った子どもたちのスナップ。一緒に写っているのは保育園の先生。堤防には何やら木箱がたくさん干してある。〈長岡郡大豊町落合・昭和38年・提供＝小松恭子氏〉

▶友だちと一緒　足下には雪が積もっているが、長靴を履いた子どもたちは元気いっぱい。友だちと一緒にいれば、少しくらいの寒さなど全く気にならない。〈土佐郡大川村朝谷・昭和 43 年頃・提供 = 山本美智代氏〉

▲バケツで水くみ　急な石段をバケツを両手で持ちながら降りてくる女の子。白滝で暮らしている子どもなら、坂にはなれているだろうが、見ている大人は気が気ではない。〈土佐郡大川村朝谷・昭和 43 年頃・提供 = 山本美智代氏〉

▶仲良し姉妹　ようやく歩行器に乗って歩けるようになった妹と一緒に写っているのはお姉ちゃん。姉は、妹ができたということで大変な喜びようで、どこへ行くにも気になってついていった。〈長岡郡本山町大石・昭和 45 年・提供 = 大石理佐氏〉

写真取材を終えて

樹林舎の『写真アルバム 南国・香南・香美・土長の昭和』の取材で香長平野の中西部に位置する南国市から徳島・愛媛両県との県境にある、周囲を山々に囲まれた、嶺北地方の土佐郡、長岡郡を回った。

南国市、香南市、香美市は隣接しており、各地の写真提供者と訪問時間の調整をしながらの取材であった。

懐かしい写真を収めたアルバム。古き良き昭和の一瞬を切り取ったその地域の、特色のある貴重な写真を求めて収集に務めた。

嶺北地方には、忘れかけた日本人の心のふるさと原風景があちこちに点在している。美しい棚田風景や深く切り込んだ山襞を縫うように流れる吉野川。そこには、地域の芸能や風俗、文化が息づいている。

昭和時代の農作業風景が残る棚田や吉野川流域の写真はないかと心に置いて取材し、各地を回っているうち、女性提供者の方が写真公募を知り「普段は見ることがなくなった古いアルバムを、久しぶりに引っ張り出し、どの写真にしようかと迷っているうち、懐かしい当時のことを思い出した」と笑顔で話してくれたことが記憶に残る。

取材も終盤、香美市物部町大栃を訪れた時、数十年に一度といわれる西日本豪雨にみまわれた。高知県でも香美市物部町や本山町でもかつてない豪雨を記録した。そんな大雨にもかかわらず、大栃にある公共施設まで、風呂敷に包んだ数冊の写真アルバムを、持って来てくれた提供者の方々には本当に頭の下がる思いがしたものだった。

こうして集められた貴重な写真データは、千数百枚に及ぶ。限られた期間での取材、写真の整理から編集へとめまぐるしく時間が進むなかで、皆様から提供していただいた、写真すべてを本書に組み入れられなかったことが心苦しくもある。

ただ、これらの写真は貴重な資料として、いずれまた役に立つ機会があると確信している。

本書『写真アルバム 南国・香南・香美・土長の昭和』をご購入いただいた皆様が、親から子、子から孫へと懐かしい思い出を語り継ぐよすがになれば幸いです。

最後になりましたが、貴重な写真をこころよく提供していただいた、各自治体の関係者をはじめ、定福寺、個人提供者の方々に、紙面を借りて厚く御礼を申し上げます。

平成三十年七月

西内国進

協力者および資料提供者

（敬称略・順不同）

阿部政敏
池香代子
磯野なつき
伊藤敏雄
猪野滿
上田景子
大石悦子
大石綏子
大石理佐
大塚三津子
大前昭浩
小笠原瑚夏
小笠原博嗣
小笠原由美
尾田安広
樫谷之昌
甲藤壽一
門脇嗣夫
門脇美香
上池ひろえ
上地郁哉
川田一郎
川田和
北岡智美
北村敏
久保田晴子
公文寛伸
公文照
公文操子
黒木秀子
後藤孝志

小松恭子
小松敏秀
小松範之
小松治子
近藤京子
近藤輝也
坂本恒夫
澤村明夫
澤村茂
清水和子
清水豊
下村堯基
秦泉寺真行
高木正平
宅間一之
武内節子
武内利尚
竹村暢文
田中智子
釣井龍宏
中澤博志
永野和稔
馴田正満
西内正晴
西野理香
野村征子
橋爪栄喜
橋本通子
濱渦智恵
浜田千恵
濱田愛華

濱田祐禅
福田静夫
比與森恒利
平田健一
別役秀
細川実
前田鈴江
前田正也
増井はつ子
松村信博
三木孝重
溝渕洋哉
三谷恵美子
宮﨑壽美江
毛利紘一
元吉正子
森下蕃雄
森幹郎
安丸成功
山岡泰子
山﨑ナミエ
山本美智代
山本温美
横田富夫
横山幸男
吉村沙貴
絵金蔵
和田栄美子
和田知士

定福寺
豊永郷民俗資料館
八王子宮
西徳善八幡宮
独立行政法人 水資源機構
南国市
大湊小学校
香南市野市図書館
香南市夜須公民館
香美市
香美市立図書館本館
香美市社会福祉協議会
本山町教育委員会
土佐町
京都府立京都学・歴彩館

＊このほか多くの方々から資料提供やご教示をいただきました。謹んで御礼申し上げます。

おもな参考文献

（順不同）

『南国市史』南国市史編纂委員会（南国市・一九八二）

『赤岡町史』赤岡町史編集委員会（赤岡町教育委員会・一九八〇）

『香我美町史 下巻』香我美町史編纂委員会（香我美町・一九九三）

『野市町史 上巻・下巻』野市町史編纂委員会（野市町・一九九二）

『夜須町史　下巻』夜須町史編纂委員会（夜須町教育委員会・一九八七）

『土佐山田町史』土佐山田町史編纂委員会（土佐山田町教育委員会・一九七九）

『香北町史』香北町広報委員会（香北町・一九六八）

『本山町史　下巻』本山町史編さん委員会（本山町・一九九六）

『大豊町史　近代現代編』大豊町史編纂委員会（大豊町教育委員会・一九八七）

『南国市制30周年記念写真集　レトロ南国』南国市制30周年記念写真集編集委員会（東洋出版・一九八九）

『赤岡町制施行100周年記念写真集　ユンデーホー赤岡』（赤岡町・二〇〇〇）

『野市町合併50周年記念誌　水と緑、うるおいの町 野市町へ。』（野市町企画課・二〇〇五）

『夜須今昔写真集』（夜須町・一九九一）

『土佐山田町合併40周年記念写真集　ふる里の日時計』土佐山田町合併40周年記念写真集編集委員会（土佐山田町・一九九四）

『創立35周年記念誌　土佐山田の社協』創立35周年記念実行委員会（土佐山田町社会福祉協議会・一九九七）

『写真集　ふるさと今・昔　香北町』同編集委員会（香北町・一九九四）

『物部村合併40周年記念写真集　木の子守歌が聴こえる』物部村合併40周年記念写真集編集委員会（物部村・一九九六）

『写真集 土佐町50年の物語』（土佐町・二〇〇五）『写真集　おおかわ』大川村史追録編さん委員会（大川村・一九八四）

『創立五十周年記念誌――50年の礎今新たなる誓い』創立五十周年記念誌編集委員会（高知県立城山高等学校・一九九七）

『八王子宮』北村友幸（八王子宮・一九七七）

『高知県百科事典』（高知新聞社・一九七六）

『高知県の百年』山本大・福地惇著（山川出版社・一九八七）

『学校の記憶と再生　かつて高知県には７０９の小中学校があった』高知ミモザの会（リーブル出版・二〇一三）

＊このほかに各自治体の要覧や広報誌、新聞記事、住宅地図、ウェブサイトなどを参考にしました。

写真取材
西内国進
装幀・DTP
伊藤道子
編集・制作
折井克比古
販売企画
水野真吾

写真アルバム　**南国・香南・香美・土長の昭和**

2018年8月8日　初版発行
発 行 者　山田恭幹
発 行 所　樹林舎
〒468-0052　名古屋市天白区井口1-1504-102
TEL: 052-801-3144　FAX: 052-801-3148
http://www.jurinsha.com/
発 売 元　高知県教科書株式会社
印刷製本　図書印刷株式会社

ISBN978-4-908436-21-5 C0021
＊定価はカバーに表示してあります。
＊乱丁・落丁本はお取り替えいたします。